Dedicatoria

Dedicamos este libro a las mujeres, ¡a todas las mujeres! Todas somos distintas, únicas y especiales, apoyémonos unas a otras. Hagamos unos quilts magníficos que muestren al mundo una parte de nosotras.

Agradecimientos

Nuestro profundo agradecimiento a Lynn Koolish, nuestra editora. Ella nos ha enseñado cosas que ignorábamos para escribir buenos libros y nos ha ayudado a ser mejores autoras. Lo agradecemos y valoramos.

Gailen Runge, nuestra editora técnica, se asegura de que todos los detalles estén bien. ¡Sería estupendo ser perfectas, pero no lo somos! Le agradecemos a Gailen sus revisiones. Kirstie McCormick, la diseñadora de este libro, le ha dado su aspecto distintivo. Nos encanta la portada diseñada por Christina Jarumay. Luke Mulks, el ayudante de producción, coordinó los trabajos facilitando la publicación del libro. A todos gracias por sus excelentes esfuerzos.

Introducción

En realidad, este libro se inició hace varios años en forma de una serie de patrones. Eran pequeños patrones a modo de 25 cartas distintas de *Pin Pal*. Nos encantaban los patrones pero resultaba difícil hacer su inventario y por eso decidimos imprimir los 25 siguientes en el libro *Dear Pin Pal*.

¡No podemos parar! Hemos añadido 50 bloques nuevos a esos primeros 50 bloques. Este libro incluye ahora un total de 100 bloques, además de los proyectos nuevos que hemos creado. Si dispusiéramos de más tiempo…

Los proyectos de este libro son sólo un comienzo. Se puede utilizar como fuente de inspiración para bloques. Si se necesita un bloque para un proyecto determinado, se puede encontrar en este libro. Son bloques absolutamente versátiles; se puede variar su tamaño y se combinan como más guste.

Son varias las cuestiones a tener en cuenta:

✿ En el libro se incluye todo tipo de bloques. Desde flores hasta pollitos, cestos de frutas, etc. en una sorprendente variedad.

✿ Los quilts pueden evocar una actitud colorista y contemporánea o un aire más apagado, dependiendo de los colores elegidos. Hay que ser creativo y hacer quilts que expresen la personalidad de cada uno.

✿ Los bloques pueden ser del tamaño que mejor convenga. Los que aquí se muestran son de 5" × 5", pero se ofrecen instrucciones para ampliarlos hasta 20" × 20".

✿ No hay que tener miedo a mezclar y unir bloques. Las combinaciones son infinitas.

Materiales básicos

Telas: todas las telas utilizadas en estos quilts son de algodón 100%, si no se indica otra cosa.

Hilos: con tejidos de algodón hay que utilizar hilos de algodón. Existen muchas marcas y conviene probar algunas hasta dar con la más adecuada. Para aplicaciones a mano se recomienda el hilo 50 de bordar a máquina de DMC, y el 60 de bordar a máquina de Mettler. Para bordar a mano, elegimos una o dos hebras de Anchor o DMC. También utilizamos perlé de algodón.

Guata: preferimos la guata de algodón. Nuestra favorita es Hobbs Organic Cotton Batting.

Agujas: para aplicaciones a mano utilizamos agujas del n.º 11 de Hemming & Son. Para bordar a mano la aguja de modista del n.º 11 suele ser adecuada, pero si resulta muy gruesa se prueba con una fina para estambre. Existen muchas agujas buenas y hay que hallar la que más cómoda resulte.

Alfileres: para prender las piezas de aplicación en su sitio se utilizan alfileres pequeños de 1 cm con cabeza. Para sujetar en su sitio la labor se usan alfileres grandes para quilts, con cabeza de cristal.

Papel termoadhesivo de doble cara: si se prefiere pegar las piezas y coserlas a máquina hay que utilizar papel termoadhesivo por calor de doble cara. Para algodón, el papel será fino o mediano.

Tela no adhesiva para planchar: si se utiliza papel termoadhesivo de doble cara, se coloca una tela o lámina no adhesiva para proteger la plancha y la tabla de planchar.

Tijeras: para cortar papel y tela, utilizar tijeras pequeñas de bordar. Las tijeras pequeñas, bien afiladas, son las mejores para recortar dibujos intrincados.

Cúter giratorio, plancha de corte y regla acrílica: el cúter giratorio es el que ofrece mejores resultados para recortar los bloques y cortar bordes de tela.

Lápices: para dibujar alrededor de las plantillas sobre la tela, utilizar lápiz de carbón blanco para telas.

Rotuladores permanentes: para marcar el emplazamiento de las aplicaciones, lo mejor es dibujar sobre un plástico fino con un rotulador permanente de punta ultrafina.

Lámina de plástico transparente blando y fino: utilizar la lámina de 54" de ancho y de grueso mediano para hacer el esquema de emplazamiento.

Hojas de laminado transparentes: se usan para hacer las plantillas. Se encuentran en tiendas de material de oficina especial para plastificar.

Plancha de papel de lija: para dibujar las plantillas sobre la tela, se coloca ésta encima de un tablero forrado de papel de lija. La lija sujeta el tejido perfectamente mientras se dibuja.

Luz de trabajo de espectro completo: estas lámparas proporcionan una luz fuerte y natural. Lo mejor es una lámpara de pie que se pueda colocar por encima del hombro. Ver bien lo que se está cosiendo facilita mucho la labor de aplicación.

Guantes para acolchar: los guantes permiten sujetar más fácilmente la labor cuando se acolcha a máquina.

Tabla de conversión métrica		
CONVERTIR	EN	MULTIPLICAR POR
pulgadas	centímetros	2,54
centímetros	pulgadas	0,4
pies	centímetros	30,5
centímetros	pies	0,03
yardas	metros	0,91
metros	yardas	1,1

EL LIBRO DE

Aplicaciones para Quilts

100 IRRESISTIBLES BLOQUES

de Piece O'Cake Designs

BECKY GOLDSMITH Y LINDA JENKINS

DRAC

Editor: Jesús Domingo
Edición a cargo de Eva Domingo
Revisión técnica: Rosario Casanovas

Primera edición: 2006
Segunda edición: 2007
Tercera edición: 2008

Título original: *Appliqué Delights 100 Irresistible Blocks from Piece O'Cake Designs*
Publicado por primera vez en inglés en EE.UU. por C&T Publishing, Inc., California, U.S.A.

© 2004 del texto y diseño *by* Becky Goldsmith y Linda Jenkins
© 2004 del diseño *by* C&T Publishing, Inc.
© 2006 de la versión española
by Editorial El Drac, S.L.
Marqués de Urquijo, 34. 28008 Madrid
Tel.: 91 559 98 32. Fax: 91 541 02 35
E-mail: info@editorialeldrac.com
www.editorialeldrac.com

Diseño de cubierta: José María Alcoceba
Ilustraciones: Tim Manibusan y Becky Goldsmith
Fotografías del paso a paso: Luke Mulks
Traducción: Ana María Aznar

ISBN: 978-84-96550-30-8
Depósito legal: M-7435-2008
Impreso en ORYMU
Impreso en España – *Printed in Spain*

Índice

Preparación

Preparación de la tela

El algodón ha superado la prueba del tiempo y se trabaja fácilmente. Antes de utilizar una tela hay que prelavarla. Es una buena forma de comprobar si los colores son resistentes, y además, si la tela encoge, lo hace antes de coserla en el quilt. La tela se trabaja más fácilmente, y huele mejor y tiene mejor tacto si se lava antes.

Cantidad de tela

La tela de algodón suele venir en piezas de 40" a 44" de ancho. Para mayor seguridad, calculamos la cantidad de tela sobre un ancho de 40".

La cantidad de tela indicada para cada quilt debe servir de guía, pero teniendo en cuenta que las cantidades variarán según el número de telas utilizadas y el tamaño de las piezas cortadas. Nuestras medidas tienen en cuenta lo que encoja la tela y posibles errores al cortar.

Margen de costura

Todas las piezas se calculan con un margen de costura de ¼". Hay que coser con precisión para que las piezas del quilt casen exactamente.

Las instrucciones de corte de este libro están calculadas matemáticamente. Sin embargo, se pueden producir ligeras variaciones en el tamaño terminado del quilt por pequeñas diferencias en los márgenes de costura y en la cantidad de piezas cosidas. Las medidas ofrecidas deben aproximarse mucho al tamaño real del quilt, pero siempre se debe medir el propio quilt y cortar las tiras de enmarcado y de borde que pida el quilt.

Ampliar los bloques

Los bloques de este libro los constituyen cuadrados de 5" × 5". Se pueden utilizar en ese tamaño o agrandarlos. Reconocemos que las matemáticas no son nuestro fuerte; por eso, cuando descubrimos lo fácil que resulta ampliar un bloque de 5" de lado al tamaño que sea, nos sentimos realmente orgullosas.

Una ampliación del 20% supone añadir 1" al bloque. Por ejemplo, si se agranda un bloque de 5" × 5" al 120% se obtiene un bloque de 6" × 6". Cada incremento adicional de un 20% aumenta en una pulgada el tamaño del bloque. Hay que partir del 100% para agrandar y no reducir.

Bloque de 5" × 5" × 120% = 6" × 6" tamaño del bloque terminado
Bloque de 5" × 5" × 140% = 7" × 7" tamaño del bloque terminado
Bloque de 5" × 5" × 160% = 8" × 8" tamaño del bloque terminado
Bloque de 5" × 5" × 180% = 9" × 9" tamaño del bloque terminado
Bloque de 5" × 5" × 200% = 10" × 10" tamaño del bloque terminado

¿Y si se desea un bloque mayor? Casi todas las fotocopiadoras permiten ampliar hasta un 400%, el problema radica en que el papel suele ser de 11" × 17". Por eso, si se quiere un bloque de 18" hay que agrandarlo por partes.

Se empieza por ampliar un bloque de 5" × 5" a 10" × 10". Se corta el bloque siguiendo las líneas centrales para obtener cuatro cuadrados de 5" × 5". Se agranda cada cuadrado según el porcentaje indicado más abajo para obtener el tamaño deseado. Se pegan con cinta adhesiva las cuatro copias agrandadas, comprobando con una regla que las líneas centrales están alineadas y se repasan para que queden visibles.

Se advierte que cuanto mayor es el bloque, más anchas quedan también las líneas. Al hacer el esquema y las plantillas, se repasan las líneas gruesas por su parte central.

Cuadrante de 5" de un bloque de 10" × 110% = 11" × 11" tamaño del bloque terminado
Cuadrante de 5" de un bloque de 10" × 120% = 12" × 12" tamaño del bloque terminado
Cuadrante de 5" de un bloque de 10" × 130% = 13" × 13" tamaño del bloque terminado
Cuadrante de 5" de un bloque de 10" × 140% = 14" × 14" tamaño del bloque terminado
Cuadrante de 5" de un bloque de 10" × 150% = 15" × 15" tamaño del bloque terminado
Cuadrante de 5" de un bloque de 10" × 160% = 16" × 16" tamaño del bloque terminado
Cuadrante de 5" de un bloque de 10" × 170% = 17" × 17" tamaño del bloque terminado
Cuadrante de 5" de un bloque de 10" × 180% = 18" × 18" tamaño del bloque terminado
Cuadrante de 5" de un bloque de 10" × 190% = 19" × 19" tamaño del bloque terminado
Cuadrante de 5" de un bloque de 10" × 200% = 20" × 20" tamaño del bloque terminado

1 *Plumas*

Técnicas especiales

Aplicaciones recortadas:
   n.º 1–n.º 4.

Aplicación de círculos:
   n.º 5, n.º 6.

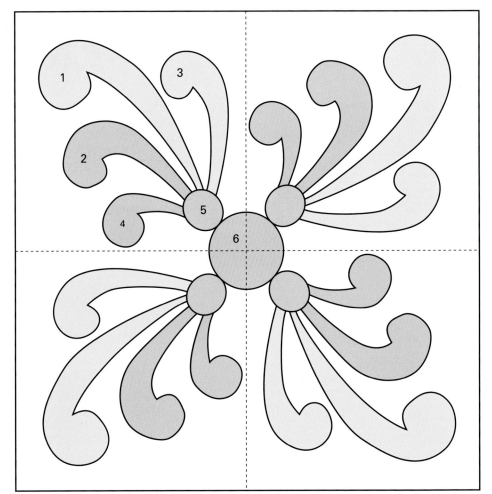

2 *Molinillos de pétalos*

Técnicas especiales

Aplicaciones recortadas:
   n.º 1.

Aplicación de círculos:
   n.º 4, n.º 5.

3 Flores de España

Técnicas especiales

Aplicaciones recortadas:
  n.º 1, n.º 7.
Aplicación de círculos:
  n.º 4.
Aplicado aparte:
  n.º 2–n.º 4.

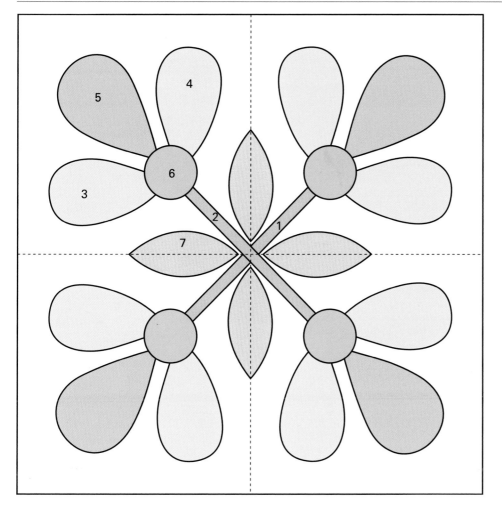

4 Flor de abeja

Técnicas especiales

Aplicaciones recortadas:
  n.º 1, n.º 2.
Aplicación de círculos:
  n.º 6.

5 Flor de algodón

Técnicas especiales

Aplicaciones recortadas:
n.º 1, n.º 4.

Aplicado aparte:
n.º 2–n.º 3.

Aplicación de círculos:
n.º 5.

Puntos de bordado

Pespunate: nervaduras
de las hojas.

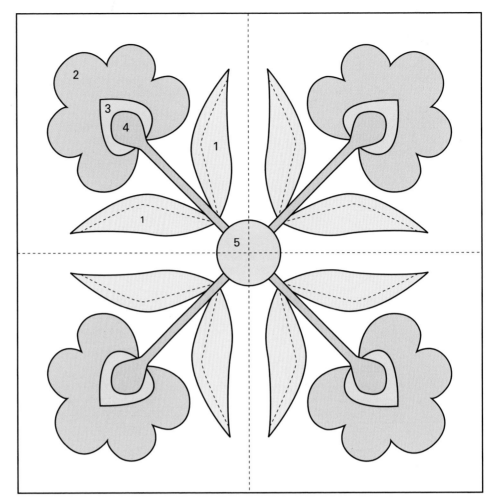

6 Flores de alegría

Técnicas especiales

Aplicaciones recortadas:
n.º 1, n.º 2.

Aplicación de círculos:
n.º 7–n.º 9.

Aplicado aparte: n.º 7–n.º 9.

Puntos de bordado

Puntadas rectas: n.º 4–n.º 6,
n.º 8–n.º 9.

Pespunte: pistilos.

Punto de nudo: estambres.

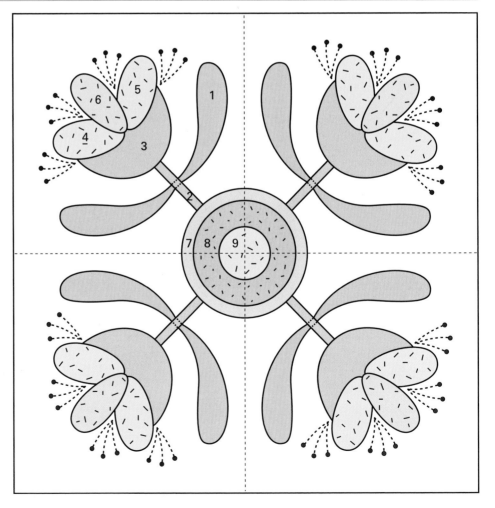

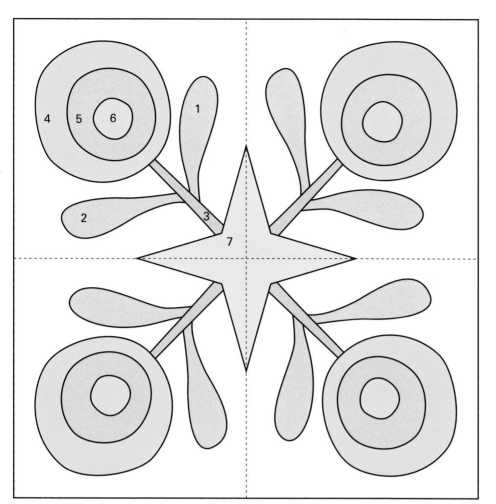

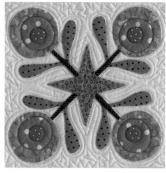

7 Flores piruletas

Técnicas especiales

Aplicaciones recortadas:
 n.º 1–n.º 3, n.º 7.
Aplicado aparte:
 n.º 4–n.º 6.

8 Flores de plumas

Técnicas especiales

Aplicaciones recortadas:
 n.º 7, n.º 8.
Aplicación de círculos: n.º 9.

Puntos de bordado

Pespunte: nervaduras
 de las hojas.

9 Cadeneta de margaritas

Técnicas especiales

Aplicaciones recortadas:
   n.º 1.
Aplicación de círculos:
   n.º 7–n.º 9.
Aplicado aparte:
   n.º 6–n.º 8.

10 Pétalos y puntas

Técnicas especiales

Aplicaciones recortadas:
   n.º 1, n.º 2, n.º 8.
Aplicación de círculos:
   n.º 9, n.º 10.

11 Margaritas
en cruz

Técnicas especiales

Aplicaciones recortadas:
  n.º 1, n.º 2.
Aplicación de círculos: n.º 4.

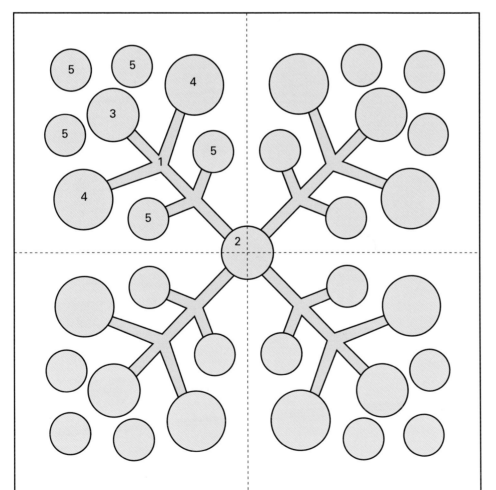

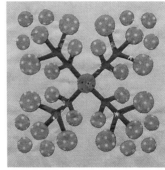

12 Baile
de burbujas

Técnicas especiales

Aplicaciones recortadas:
  n.º 1.
Aplicación de círculos:
  n.º 2–n.º 5.

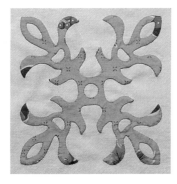

13 Bloque test de Rorschach's

Técnicas especiales

Aplicaciones por el revés:
n.º 1–n.º 3.
Aplicaciones recortadas:
n.º 4.

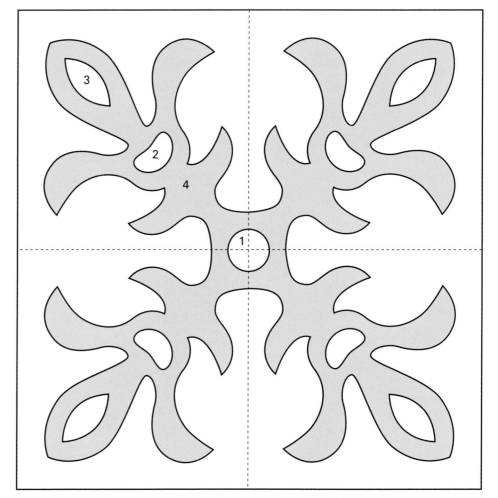

14 Hojas de roble

Técnicas especiales

Aplicaciones recortadas:
n.º 1.

Puntos de bordado

Pespunte: nervaduras
de las hojas.

15 Rueda de tulipanes

Técnicas especiales

Aplicaciones recortadas:
n.º 1.

Puntos de bordado

Punto de cadeneta: nervaduras de las hojas.
Punto de trama: dentro de los círculos.

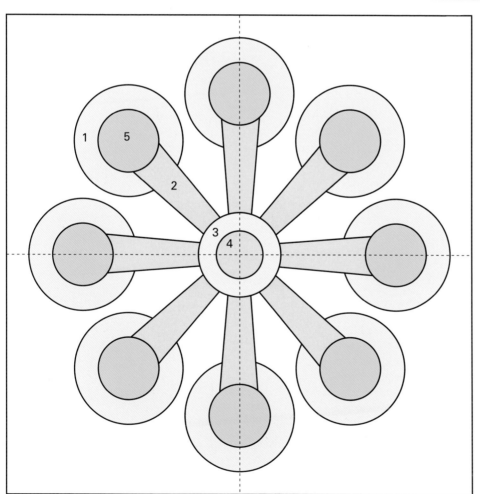

16 Fuego de discos

Técnicas especiales

Aplicación de círculos:
n.º 1, n.º 3–n.º 5.
Aplicado aparte: n.º 3–n.º 4

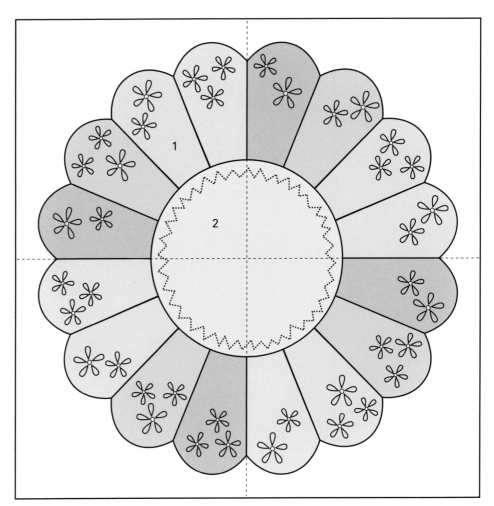

17 Plato de Dresde

Técnicas especiales

Aplicación de círculos: n.º 2.

Puntos de bordado

Punto de zigzag: n.º 2.
Punto de margarita: borde
 del plato.
Punto de nudo: centro
 de las margaritas.

18 Margarita
arco iris

Técnicas especiales

Aplicaciones por el reverso
(con aplicado aparte):
 n.º 2/n.º 3.

Puntos de bordado

Puntadas rectas: n.º 2.

19 Rosa de Sherman

Técnicas especiales

Aplicado aparte:
  n.º 1–n.º 3.
Aplicación de círculos:
  n.º 3.

20 Girasol

Técnicas especiales

Aplicado aparte: n.º 16–n.º 17.

Puntos de bordado

Pespunte: nervaduras de las
  hojas.
Puntadas rectas: n.º 17.
Combinación de puntadas
  rectas con punto
  de nudo: n.º 16.
Punto de festón separado:
  n.º 4–n.º 15 después
  de coser las aplicaciones.

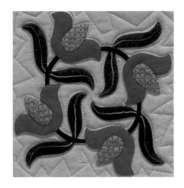

21 Corona de tulipanes

Técnicas especiales

Aplicaciones recortadas:
   n.º 1, n.º 2.

Puntos de bordado

Pespunte: nervaduras
   de las hojas.
Punto de trama: n.º 4.

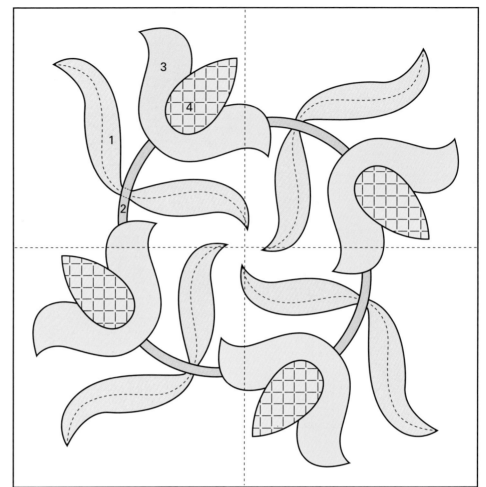

22 Corona de flores

Técnicas especiales

Aplicaciones recortadas: n.º 1.
Aplicación de círculos: n.º 8.

Puntos de bordado

Pespunte: nervaduras
   de las hojas.
Punto de nudo: n.º 3–n.º 7.
Punto de trama: n.º 8.

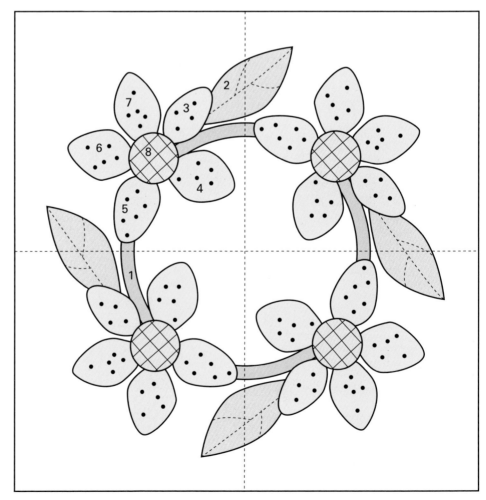

23 Corona de girasoles

Técnicas especiales

Aplicaciones recortadas:
  n.º 1.

Aplicación de círculos:
  n.º 3, n.º 4.

Aplicado aparte:
  n.º 2–n.º 4.

24 Corona de laurel y cerezas

Técnicas especiales

Aplicaciones recortadas:
  n.º 1.

Aplicación de círculos:
  n.º 7.

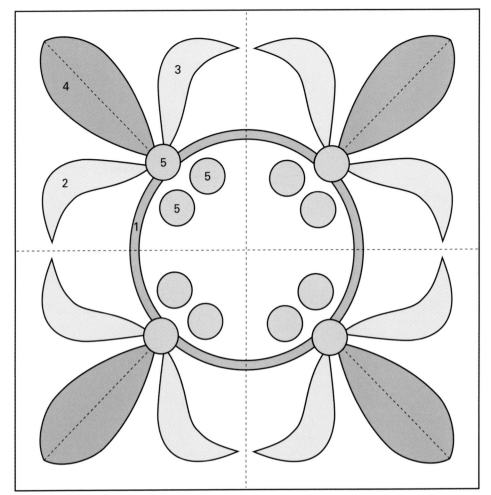

25 Corona de cerezas

Técnicas especiales

Aplicaciones recortadas:
  n.º 1.
Aplicación de círculos: n.º 5.

Puntos de bordado

Pespuntes: n.º 4 nervaduras
  de las hojas.

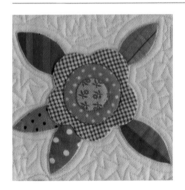

26 Esquina de borde

Técnicas especiales

Aplicación de círculos:
  n.º 7, n.º 8.
Aplicado aparte:
  n.º 6–n.º 8.

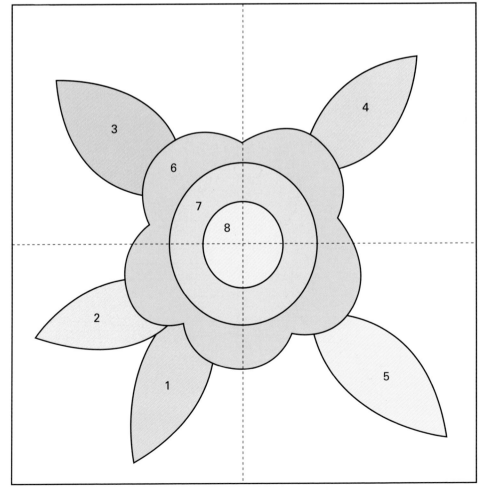

27 y 28 Guirnalda de borde

Técnicas especiales

Tallo al bies: n.º 2.

Aplicado aparte:

n.º 3–n.º 5, n.º 6–n.º 8.

Aplicación de círculos:

n.º 4, n.º 5, n.º 7, n.º 8.

29 Trío de flores

Técnicas especiales

Aplicaciones recortadas:
   n.º 3, n.º 5, n.º 7.
Aplicación de círculos:
   n.º 13, n.º 14.

30 Flores de corazones

Técnicas especiales

Aplicaciones recortadas:
   n.º 1–n.º 5.
Aplicación de círculos:
   n.º 7, n.º 9.

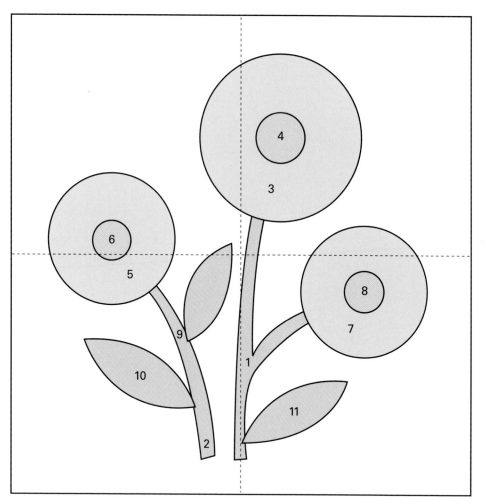

31 Flores redondas

Técnicas especiales

Aplicaciones recortadas:
  n.º 1, n.º 2.
Aplicación de círculos:
  n.º 3–n.º 8.
Aplicado aparte:
  n.º 3–n.º 4, n.º 5–n.º 6,
  n.º 7–n.º 8.

32 Flores de aspas

Técnicas especiales

Aplicaciones recortadas:
  n.º 3, n.º 8.
Aplicación de círculos:
  n.º 4, n.º 6, n.º 9, n.º 11.

Puntos de bordado

Pespunte: nervaduras
  de las hojas.

33 Margarita

Técnicas especiales

Aplicaciones recortadas:
  n.º 1.
Aplicación de círculos: n.º 3.

Puntos de bordado

Pespunte: nervaduras
  de las hojas.

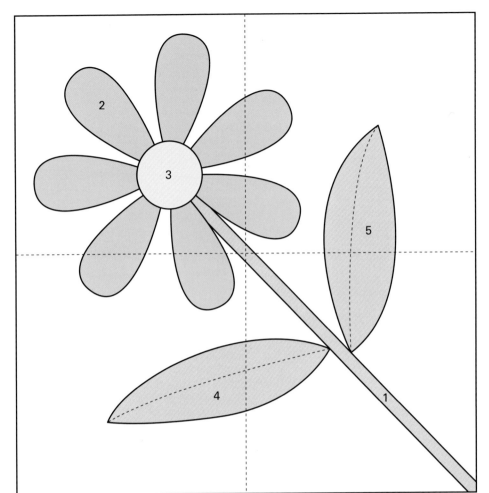

34 Flor con abeja

Técnicas especiales

Aplicaciones recortadas:
  n.º 2, n.º 5–n.º 11,
  n.º 13, n.º 15.

Puntos de bordado

Pespunte: antena
  de la abeja.
Rotulador negro para telas:
  ojo y rayas de la abeja.

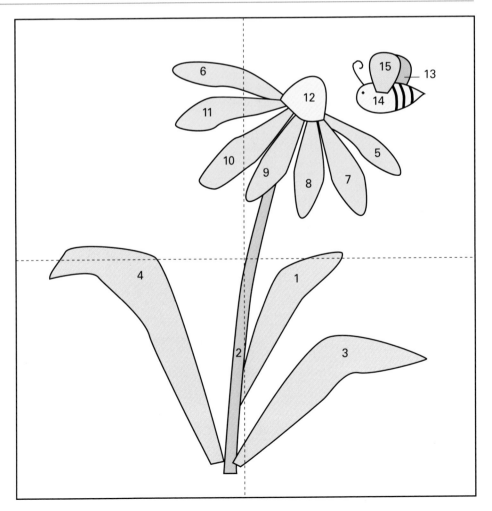

35 Tiesto con flor

Técnicas especiales

Aplicaciones recortadas:
  n.º 1.

Aplicaciones por el revés:
  n.º 7/n.º 8.

Puntos de bordado

Pespunte: nervaduras
  de las hojas.
Puntadas rectas: n.º 7.
Punto de nudo: n.º 3.

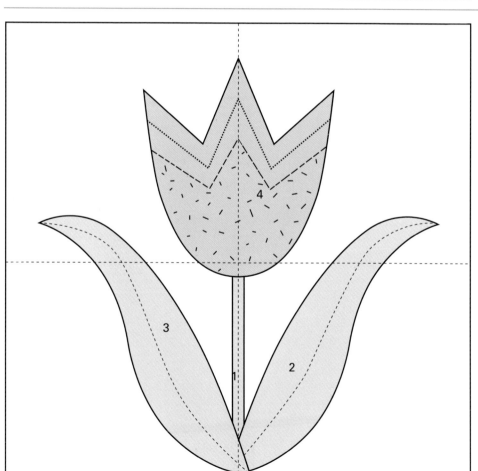

36 Tulipán

Técnicas especiales

Aplicaciones recortadas:
  n.º 1.

Puntos de bordado

Pespunte: nervaduras
  de las hojas.
Puntadas rectas: n.º 4.
Bastilla: n.º 4.

37 Flores alfiletero

Técnicas especiales

Aplicaciones recortadas:
  n.º 1–n.º 4.

Aplicación de círculos:
  n.º 6–n.º 11.

Aplicado aparte:
  n.º 5–n.º 8, n.º 9–n.º 11.

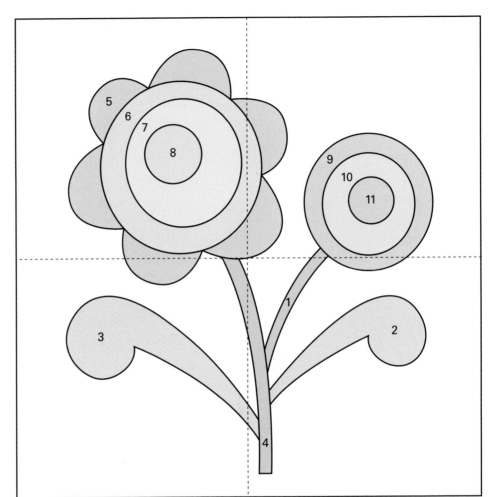

38 Flores de rombos

Técnicas especiales

Aplicaciones recortadas:
  n.º 1–n.º 3.

Aplicación de círculos:
  n.º 5, n.º 7.

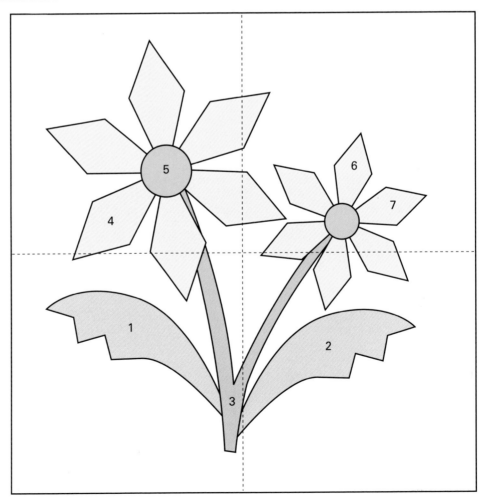

39 Dos flores en un tallo

Técnicas especiales

Aplicaciones recortadas: n.º 1.
Aplicación de círculos:
   n.º 5, n.º 6, n.º 8, n.º 9.
Aplicado aparte: n.º 4–
   n.º 6, n.º 7–n.º 9.

Puntos de bordado

Pespunte: nervaduras
   de las hojas.

40 Flores de estrella

Técnicas especiales

Aplicaciones recortadas:
   n.º 1–n.º 10.
Aplicación de círculos: n.º 11.
Aplicado aparte:
   n.º 8/n.º 11, n.º 9/n.º 11,
   n.º 10/n.º 11.

41 Jarrón de flores

Técnicas especiales

Aplicaciones recortadas:
n.º 1–n.º 6, n.º 18,
n.º 21, n.º 24.

Aplicación de círculos: n.º 11,
n.º 13, n.º 15, n.º 17.

Puntos de bordado

Puntadas rectas: n.º 27.

Punto de nudo: n.º 27.

Puntadas rectas: n.º 11,
n.º 13, n.º 15, n.º 17.

42 Cesto de flores

Técnicas especiales

Aplicaciones recortadas:
n.º 1–n.º 8.

Aplicado aparte:
n.º 10–n.º 12.

Puntos de bordado

Pespunte: n.º 9.

Punto de nudo: n.º 9.

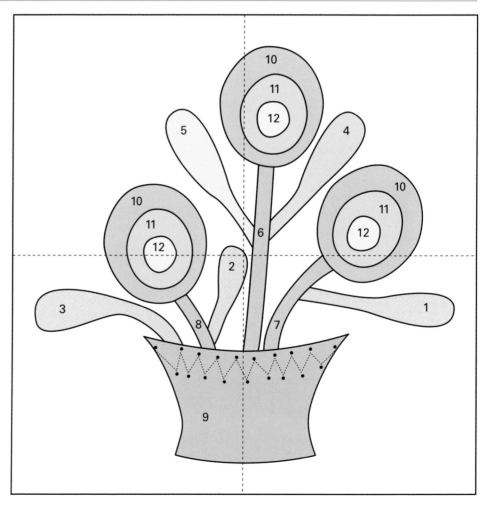

43 Flores de fantasía

Técnicas especiales

Aplicaciones recortadas:
n.º 1, n.º 7–n.º 12.

Aplicación de círculos:
n.º 14–n.º 16.

44 Jarrón con medallones

Técnicas especiales

Aplicaciones recortadas:
n.º 1–n.º 5, n.º 8, n.º 10,
n.º 17, n.º 21, n.º 43.

Aplicación de círculos:
centro de las flores.

Aplicaciones por el revés:
n.º 37–n.º 39.

Aplicado aparte: n.º 11–
n.º 14, n.º 15–n.º 16,
n.º 21–n.º 22, n.º 28–
n.º 29, n.º 30–n.º 32.

45 Urna
con tulipanes

Técnicas especiales

Aplicaciones recortadas:
n.º 1–n.º 7.

46 Cesto de
tulipanes

Técnicas especiales

Aplicaciones recortadas:
n.º 1, n.º 3–n.º 7.

Puntos de bordado

Puntadas rectas: «X» en
n.º 1 y n.º 8.
Pespunte: nervaduras
de las hojas, n.º 8.

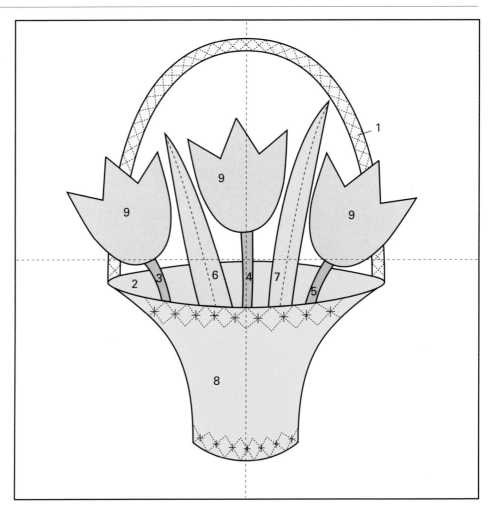

47 Urna con flores

Técnicas especiales

Aplicaciones recortadas:
   n.º 1–n.º 7.

Aplicación de círculos:
   n.º 9, n.º 11, n.º 12,
   n.º 14.

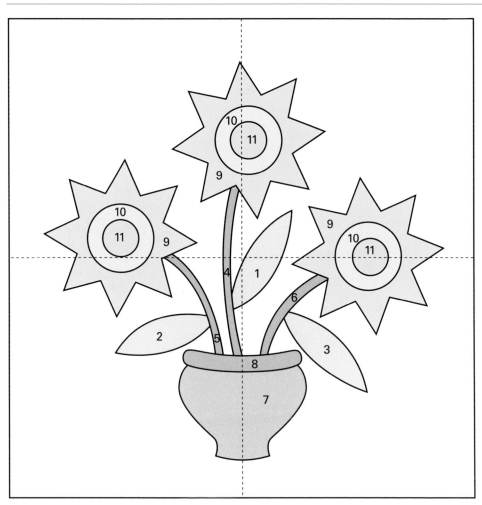

48 Jarrón con girasoles

Técnicas especiales

Aplicaciones recortadas:
   n.º 4–n.º 6, n.º 8, n.º 9.

Aplicación de círculos:
   n.º 10, n.º 11.

Aplicado aparte:
   n.º 9–n.º 11.

49 Cuenco de manzanas

Técnicas especiales

Aplicaciones recortadas:
n.º 5, n.º 6.
Aplicación de círculos: n.º 12.

Puntos de bordado

Pespunte: nervaduras de las
hojas.
Punto de festón separado:
n.º 9.
Punto de nudo: n.º 9.
Flores con puntadas rectas:
n.º 9.

50 Cesto de peras

Técnicas especiales

Aplicaciones recortadas:
n.º 1, n.º 2, n.º 5, n.º 7,
n.º 8, n.º 11, n.º 14,
n.º 17.

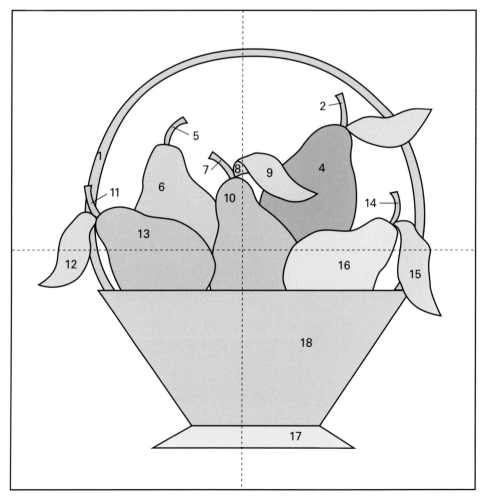

51 Piña

Técnicas especiales

Aplicaciones recortadas:
n.º 1–n.º 6.

Puntos de bordado

Pespunte: nervaduras
de las hojas, n.º 12.

Punto de nudo: n.º 12.

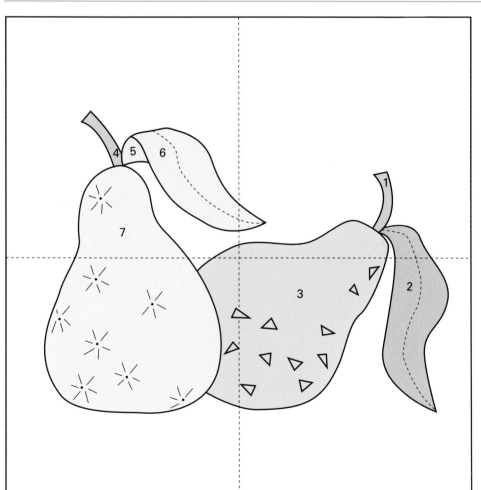

52 Peras

Técnicas especiales

Aplicaciones recortadas:
n.º 1, n.º 4, n.º 5.

Puntos de bordado

Pespunte: nervaduras de las
hojas.

Triángulos a puntadas
rectas: n.º 3.

Flores a puntadas rectas: n.º 7.

Punto de nudo: n.º 7.

53 Corona de fresas

Técnicas especiales

Aplicaciones recortadas:
  n.º 1–n.º 10.

Puntos de bordado

Pespunte: nervaduras de las
  hojas.
Puntadas rectas: n.º 12.

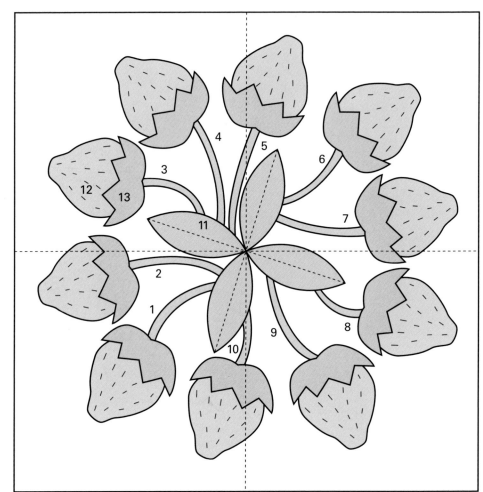

54 Cerezas

Técnicas especiales

Aplicaciones recortadas: n.º 2.

Puntos de bordado

Pespunte: tallos.
Cadeneta: nervaduras
  de las hojas.
Punto de margarita: cerezas.
Punto de nudo: cerezas.

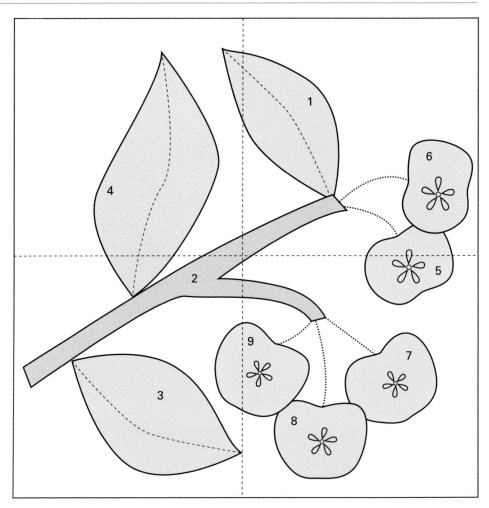

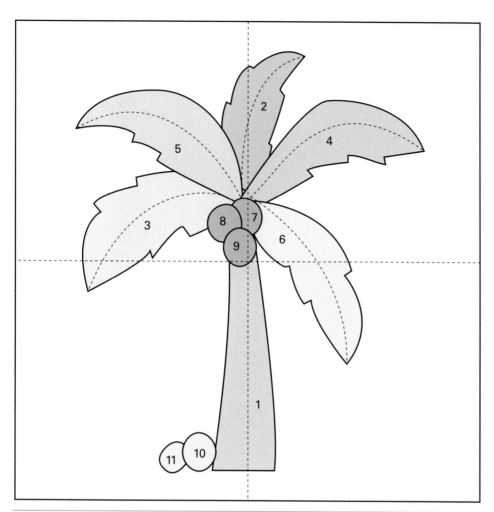

55 Palmera

Técnicas especiales

Aplicaciones recortadas:
  n.º 11.
Aplicación de círculos:
  n.º 7–n.º 10.

Puntos de bordado

Pespunte: nervaduras de las
  hojas (optativo).

56 Manzano

Técnicas especiales

Aplicaciones recortadas:
  n.º 1, n.º 2.
Aplicación de círculos: n.º 3.

Puntos de bordado

Pespunte: ramas finas.

57 Cafetera

Técnicas especiales

Aplicaciones recortadas:
n.º 1–n.º 5.

Puntos de bordado

Pespunte: n.º 1, n.º 6.

Punto de festón separado:
n.º 3.

Punto de nudo sobre
cadeneta: n.º 6

Punto de nudo: n.º 6.

58 Taza con plato

Técnicas especiales

Aplicaciones recortadas: n.º 1,
n.º 3, n.º 4, n.º 6–n.º 8.

Aplicado aparte: n.º 2–n.º 3.

Aplicaciones por el revés:
n.º 8–n.º 6 y n.º 7.

Puntos de bordado

Pespunte: n.º 2, n.º 5.

Punto de margarita: n.º 5.

Zigzag: n.º 3, n.º 5.

Punto de nudo: n.º 5.

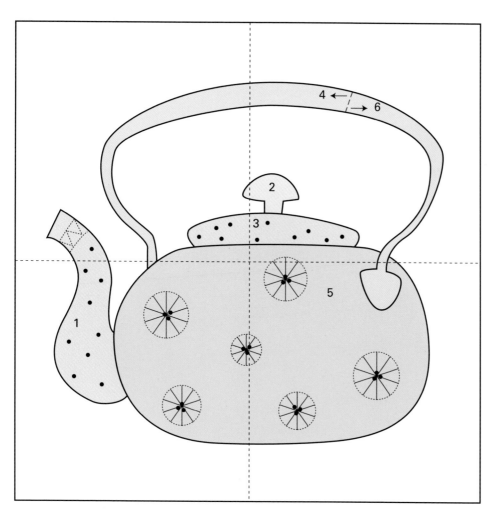

59 Tetera

Técnicas especiales

Aplicaciones recortadas:
  n.º 1, n.º 2, n.º 4/n.º 6.

Puntos de bordado

Pespunte: n.º 1.
Zigzag: n.º 1.
Círculos a festón separado:
  n.º 5.
Punto de nudo: n.º 1,
  n.º 3, n.º 5.

60 Cafetera

Técnicas especiales

Aplicaciones recortadas:
  n.º 1–n.º 4, n.º 6–n.º 9.
Aplicación de círculos:
  n.º 10.

Puntos de bordado

Pespunte: n.º 5.
Punto de nudo: n.º 5.

61 Taza de té (A)

Técnicas especiales

Aplicaciones recortadas:
 n.º 2, n.º 4.

Puntos de bordado

Pespunte: n.º 1.
Cadeneta: n.º 1, n.º 5.
Punto de margarita: n.º 5.
Punto de nudo: n.º 5.

61 Taza de té (B)

Técnicas especiales

Aplicaciones recortadas:
 n.º 2, n.º 4

Puntos de bordado

Pespunte: n.º 1.
Cadeneta: n.º 1, n.º 5.
Punto de margarita: n.º 5.
Punto de nudo: n.º 5.

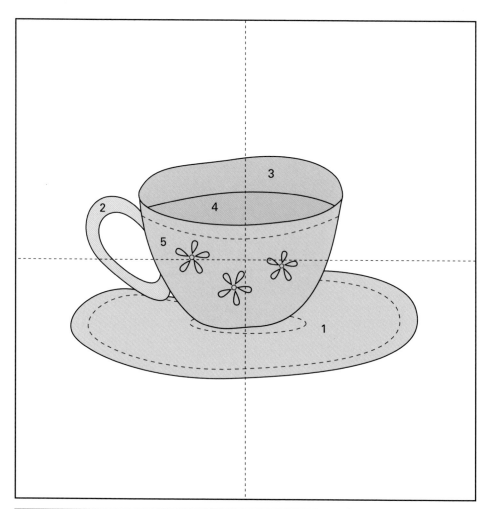

61 Taza de té (©)

Técnicas especiales

Aplicaciones recortadas:
n.º 2, n.º 4.

Puntos de bordado

Pespunte: n.º 1.
Cadeneta: n.º 1, n.º 5.
Punto de margarita: n.º 5.
Punto de nudo: n.º 5

62 Trozo de tarta

Técnicas especiales

Aplicaciones recortadas:
n.º 2, n.º 3, n.º 7.
Aplicado aparte: n.º 1–n.º 3,
n.º 6–n.º 7.
Aplicaciones por el revés:
n.º 1, n.º 2.

Puntos de bordado

Pespunte: n.º 2, n.º 4,
n.º 5.

63 Delantal

Técnicas especiales

Aplicaciones recortadas:
   n.º 1–n.º 4, n.º 7–n.º 10.

Aplicado aparte:
   n.º 6–n.º 9.

64 Despertador

Técnicas especiales

Aplicaciones recortadas:
   n.º 1–n.º 4, n.º 8–n.º 12.

Aplicación de círculos: n.º 4,
   n.º 5, n.º 10.

Aplicado aparte:
   n.º 4–n.º 5.

Puntos de bordado

Pespunte: n.º 5.

65 Teléfono

Técnicas especiales

Bordar el cordón del
  teléfono en su sitio antes
  de coser la aplicación.
Aplicación de círculos: n.º 4.
Aplicado aparte: n.º 2–n.º 4.

Puntos de bordado

Punto de margarita: n.º 2.
Pespunte: n.º 3, n.º 4.
Punto de nudo: n.º 2.

66 Corazón en la mano

Técnicas especiales

Aplicaciones recortadas:
  n.º 1/n.º 3.

Puntos de bordado

Pespunte: n.º 2, n.º 3.

67 Corazón «Folk art»

Técnicas especiales

Aplicado aparte:
n.º 1–n.º 3.

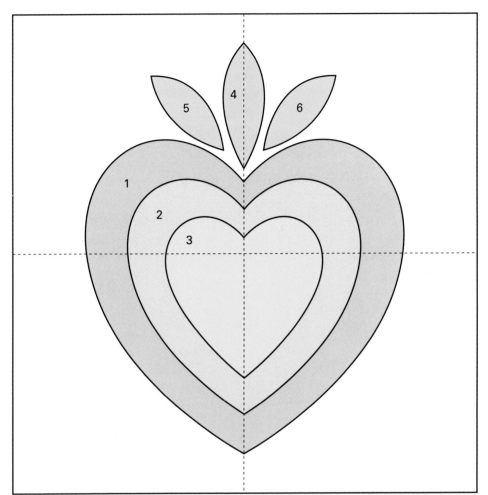

68 Sombrilla

Técnicas especiales

Aplicaciones recortadas:
n.º 1, n.º 3, n.º 4.

Puntos de bordado

Pespunte: n.º 2.

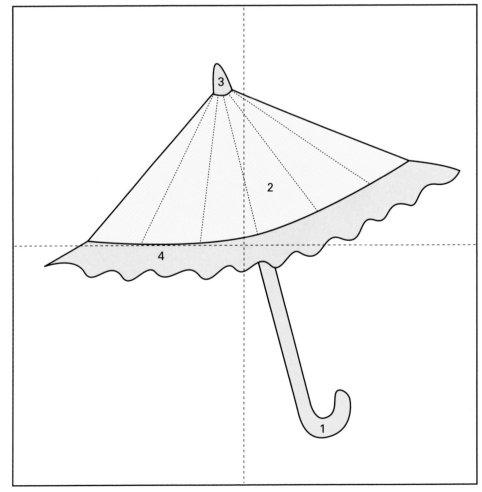

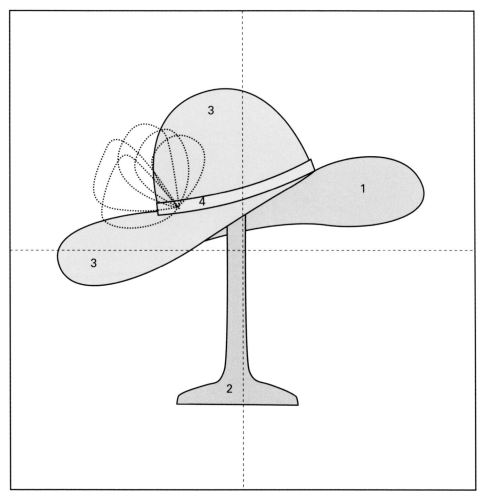

69 Sombrero
con peana

Técnicas especiales

Aplicaciones recortadas:
   n.º 1, n.º 2, n.º 4

Puntos de bordado

Optativo: Utilizar una cinta
   de seda para hacer un
   lazo en el sombrero.
   Sujetar las lazadas con
   una puntada hecha con
   hilo del mismo color.

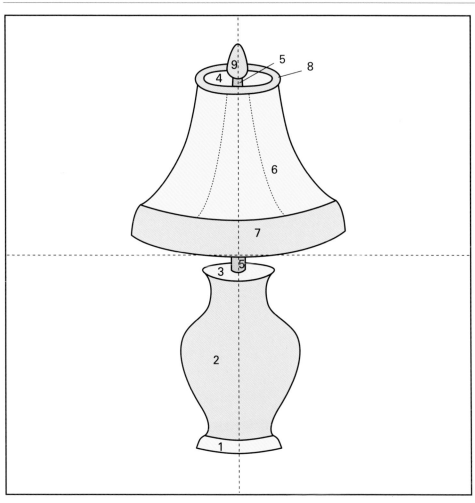

70 Lámpara

Técnicas especiales

Aplicaciones recortadas:
   n.º 1, n.º 3–n.º 5, n.º 8,
   n.º 9.
Aplicaciones por el revés:
   n.º 8 a n.º 4/ n.º 5.
Aplicado aparte: n.º 5
   a n.º 4.

Puntos de bordado

Pespunte: n.º 6.

71 Butaca tapizada

Técnicas especiales

Aplicaciones recortadas:
  n.º 1, n.º 10, n.º 11.

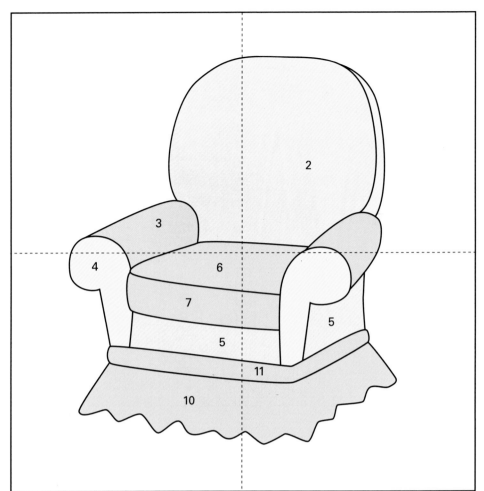

72 Bolso de fantasía

Técnicas especiales

Aplicaciones recortadas:
  n.º 1, n.º 6–n.º 7.
Aplicación de círculos:
  n.º 4–n.º 5.
Aplicado aparte:
  n.º 4–n.º 5.

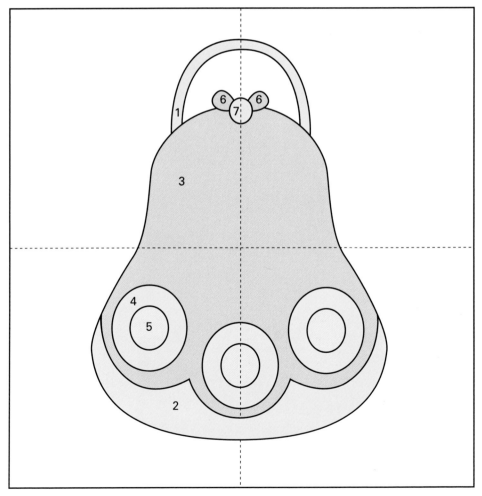

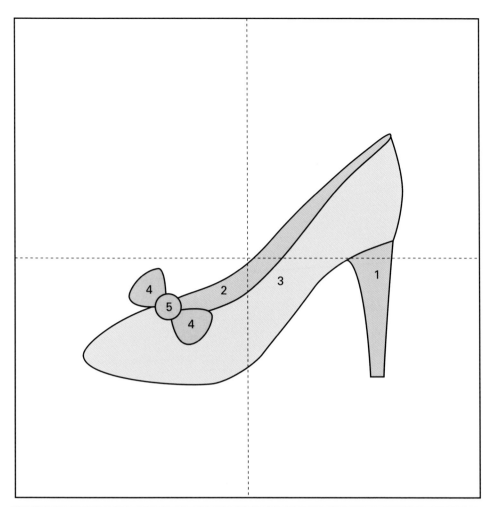

73 Zapato de señora

Técnicas especiales

Aplicaciones recortadas:
n.º 1, n.º 2, n.º 4.
Aplicación de círculos:
n.º 5.

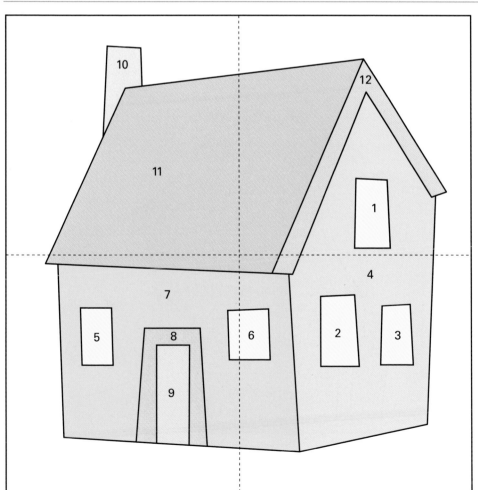

74 La casa de Christy

Técnicas especiales

Aplicaciones recortadas:
n.º 8, n.º 12
Aplicado aparte: n.º 1–
n.º 4, n.º 5–n.º 7,
n.º 8–n.º 9.
Aplicaciones por el revés:
n.º 1–n.º 3, n.º 5, n.º 6.

75 La casa de mamá

Técnicas especiales

Aplicaciones recortadas:
n.º 5.

Aplicado aparte: n.º 1–
n.º 3, n.º 4–n.º 5.

Aplicaciones por el revés:
n.º 2, n.º 3.

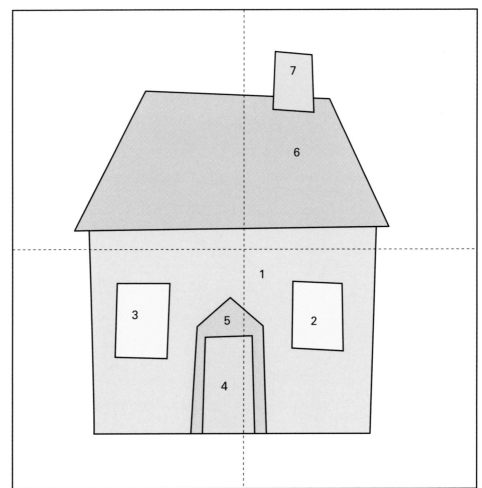

76 La casa de Elanor

Técnicas especiales

Aplicaciones recortadas:
n.º 4, n.º 6, n.º 8.

Aplicado aparte: n.º 1–
n.º 3, n.º 5–n.º 6.

Aplicaciones por el revés:
n.º 1, n.º 2.

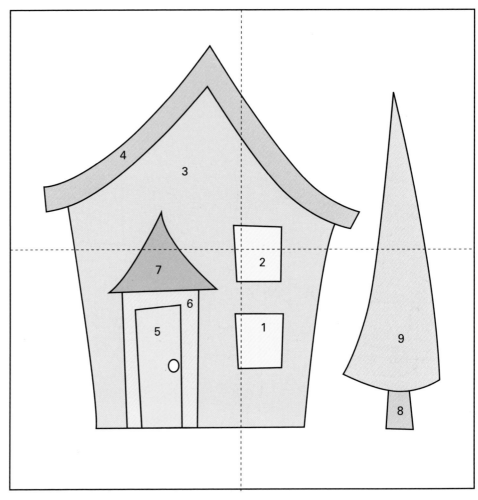

77 La casa de Becky

Técnicas especiales

Aplicaciones recortadas:
  n.º 5, n.º 6, n.º 8.

Aplicado aparte: n.º 1–n.º 3,
  n.º 4–n.º 5.

Aplicaciones por el revés:
  n.º 1, n.º 2.

Puntos de bordado

Pespunte: n.º 1, n.º 2, hierba.

Pomo de la puerta: cruzar
  2 puntadas rectas.

78 Mariposa

Técnicas especiales

Aplicaciones recortadas: n.º 9.

Aplicado aparte: n.º 1/
  n.º 5, n.º 2/n.º 6,
  n.º 3/n.º 7, n.º 4/n.º 8.

Aplicaciones por el revés:
  n.º 5–n.º 8.

Puntos de bordado

Pespunte: antenas,
  n.º 5–n.º 8.

Punto de festón separado:
  n.º 5–n.º 8.

Punto de nudo: n.º 1–n.º 4.

79 Mariposa

Técnicas especiales

Aplicaciones recortadas:
n.º 5.

Puntos de bordado

Pespunte: antenas, n.º 3,
n.º 4.

Puntadas rectas: n.º 3,
n.º 4.

Punto de nudo: n.º 1,
n.º 2, final de las antenas.

80 Sunhat Sue

Técnicas especiales

Aplicaciones recortadas: n.º 1,
n.º 2, n.º 4, n.º 8, n.º 9.

Puntos de bordado

Pespunte: tallos

Punto de margarita: hojas
y n.º 3.

Flores a puntadas rectas:
ramo, sombrero.

Punto de nudo: centro de
flores.

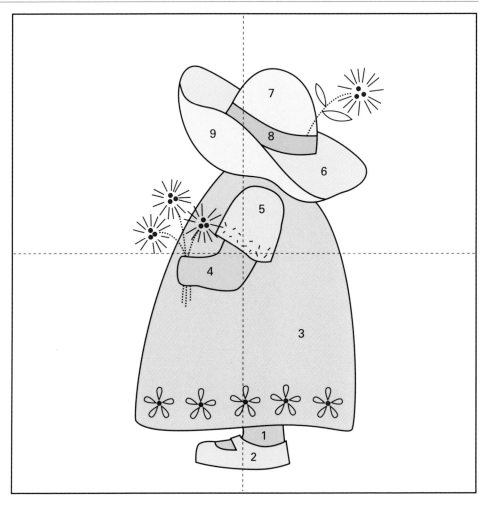

81 Libélula

Técnicas especiales

Aplicaciones recortadas:
  n.º 1–n.º 5.

Puntos de bordado

Pespunte: antenas,
  n.º 1–n.º 4.
Punto de nudo: final de las
  antenas.

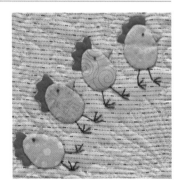

82 Pollitos

Técnicas especiales

Aplicaciones recortadas:
  n.º 1, n.º 2.

Puntos de bordado

Pespunte: patas y dedos.
Rotulador negro
  permanente para telas:
  ojos.

83 Gallina

Técnicas especiales

Aplicaciones recortadas:
n.º 1–n.º 6.

Puntos de bordado

Pespunte: patas y dedos,
n.º 7, n.º 8.
Rotulador negro
permanente para telas:
ojo.

84 Gallo

Técnicas especiales

Aplicaciones recortadas:
todas las piezas.
Rotulador negro permanente
para telas: ojo.

85 El canto del gallo

Técnicas especiales

Aplicaciones recortadas:
n.º 1–n.º 6.

Puntos de bordado

Pespunte: patas y dedos.
Rotulador negro permanente
para telas: ojo.

86 Pájaro sobre una rama

Técnicas especiales

Aplicaciones recortadas: n.º 1,
n.º 2, n.º 4.

Puntos de bordado

Pespunte: patas, dedos,
nervaduras de las hojas.
Punto de satén: ojo.
Puntadas rectas: n.º 2.

87 Pájaro con casita

Técnicas especiales

Aplicaciones recortadas:
n.º 3, n.º 4, n.º 10.

Aplicaciones por el revés:
n.º 1.

Aplicado aparte: n.º 1–n.º 2.

Puntos de bordado

Pespunte: patas del pájaro,
n.º 7, n.º 9, n.º 11.

Punto de margarita: flores,
alero del tejado.

Punto de nudo: ojos, centro
de margaritas.

88 Calabaza
sonriente

Técnicas especiales

Aplicaciones recortadas:
n.º 5–n.º 8, n.º 11.

Aplicación de círculos:
n.º 5, n.º 6.

Aplicado aparte: n.º 2–
n.º 3, n.º 10–n.º 11.

Aplicaciones por el revés:
n.º 2, n.º 3, n.º 10.

Puntos de bordado

Pespunte: n.º 10, n.º 4.

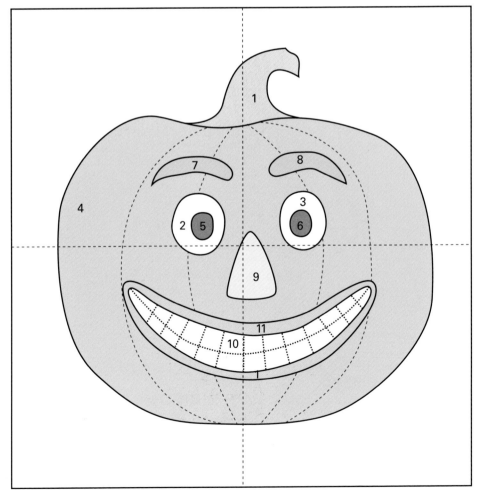

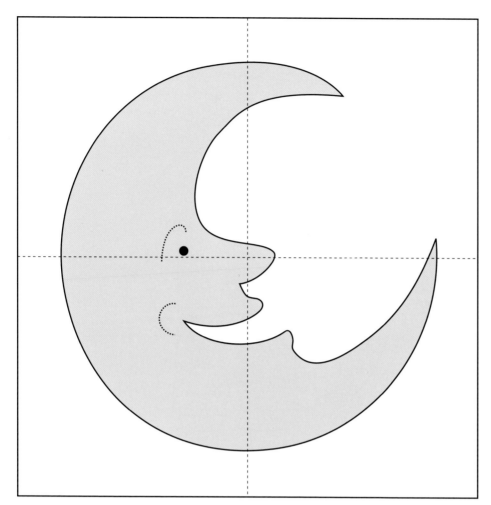

89 Luna menguante

Técnicas especiales

Aplicaciones recortadas:
  la luna.

Puntos de bordado

Pespunte: mejilla y ceja.
Punto de satén: ojo.

90 Gatita
en camisón

Técnicas especiales

Aplicaciones recortadas:
  n.º 1, n.º 3, n.º 4.

Puntos de bordado

Pespunte: n.º 2.
Rotulador negro permanente
  para telas: cara.

91 Gatito en pijama

Técnicas especiales

Aplicaciones recortadas:
n.º 1, n.º 3, n.º 6, n.º 8,
n.º 9.

Puntos de bordado

Puntadas rectas cruzadas:
n.º 7.
Rotulador negro permanente
para telas: cara.

92 Gato

Técnicas especiales

Aplicaciones recortadas:
n.º 1, n.º 3, n.º 4, n.º 5,
n.º 7.

Puntos de bordado

Zigzag: n.º 1.
Pespunte: n.º 2, n.º 6.
Rotulador negro permanente
para telas: ojos.

93 Osito Teddy

Técnicas especiales

Aplicaciones recortadas:
    n.º 1–n.º 3, n.º 5–n.º 8.

Puntos de bordado

Zigzag: n.º 4.

Pespunte: n.º 1, lazos de
    zapatos.

Rotulador negro permanente
    para telas: cara.

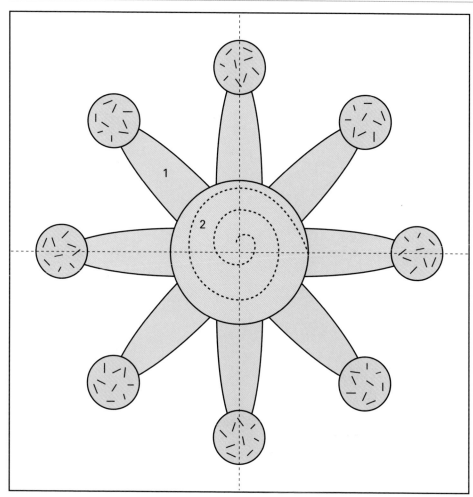

94 Estrella de bufón

Técnicas especiales

Aplicación de círculos:
    n.º 2, n.º 3.

Puntos de bordado

Pespunte: n.º 2

Puntadas rectas: n.º 3.

95 Estrella de nieve

Técnicas especiales

Aplicaciones recortadas:
    n.º 1.
Aplicaciones por el revés:
    centro del n.º 2.

96 Estrella doble

Técnicas especiales

Aplicaciones recortadas:
    n.º 1, n.º 2.
Aplicación de círculos: n.º 3.
Aplicado aparte: n.º 1–n.º 3.

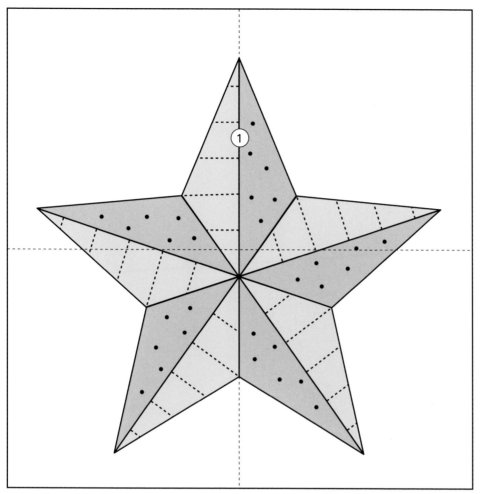

97 Estrella náutica

Técnicas especiales

Cortar una tira azul claro
de 1½" × 15"

Cortar una tira azul más
oscuro de 1½" × 15".

Unirlas con una costura.

Centrar la costura y cortar
los rombos n.º 1.

Puntos de bordado

Pespunte: lado claro.

Punto de nudo: lado oscuro.

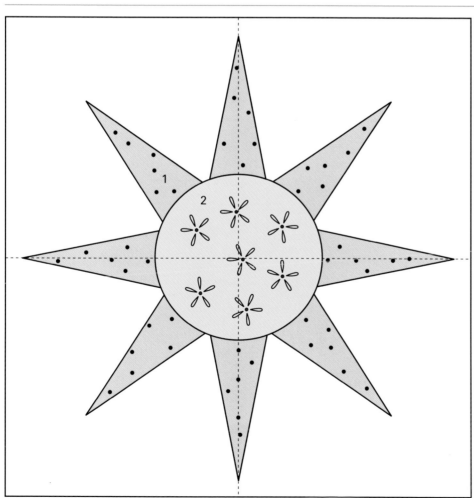

98 Sol del desierto

Técnicas especiales

Aplicaciones recortadas:
n.º 1.

Aplicación de círculos: n.º 2.

Puntos de bordado

Punto de nudo: n.º 1, n.º 2.

Punto de margarita: n.º 2.

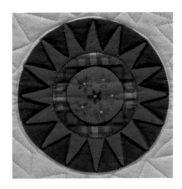

99 Belleza de NY

Técnicas especiales

Aplicaciones recortadas: n.º 2.

Aplicación de círculos:
  n.º 1, n.º 3, n.º 4.

Aplicado aparte: n.º 1–n.º 4.

Puntos de bordado

Punto de margarita, n.º 4.
Punto de nudo: n.º 4.

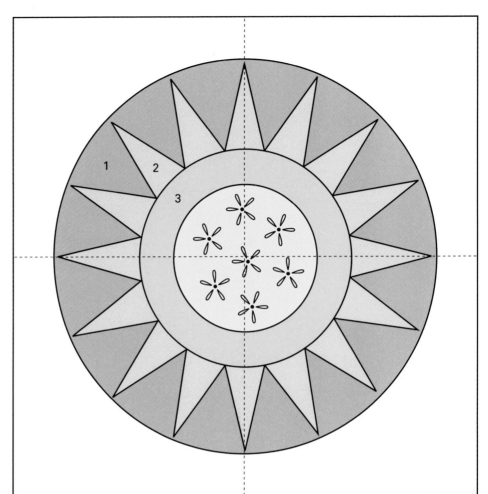

100 Barco de vela de Jeff

Técnicas especiales

Coser el agua al fondo.
  Recortar el sobrante de
  tela de fondo por debajo
  del agua, dejando
  un margen de costura
  de ³⁄₁₆".

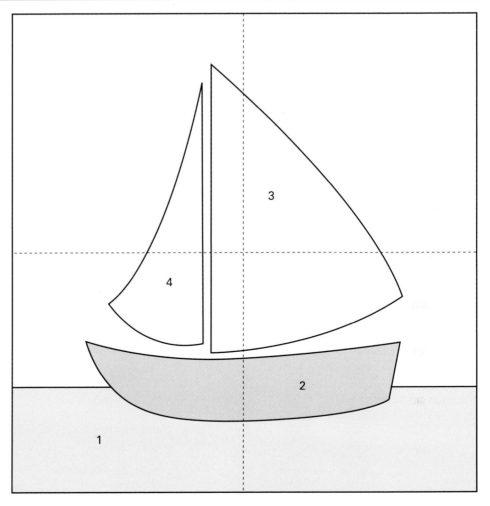

Mini quilts de 1 bloque

Realizados por Becky Goldsmith, 2003.

Tamaño del bloque de aplicación terminado: 6" × 6".

Tamaño del quilt terminado: 10″ × 10″.

Fotografías de Luke Mulks.

Mini quilts de 1 bloque

Seguro que en casa hay sitio para agrupar unos quilts de pequeño tamaño. Son quilts rápidos y fáciles de hacer. ¡Quien hace un quilt hace cientos! Se guardan o se ofrecen como regalos especiales para los seres queridos.

Materiales

Los materiales para un mini quilt son:

Fondo de la aplicación: un retal grande.

Aplicaciones: distintos retales de tela.

Borde interior: ⅛ de yarda o un retal grande.

Borde exterior: ⅛ yarda o un retal grande.

Manga tubular de tela (para colgar el quilt): ½ yarda.

Ribete: ½ yarda.

Guata: 14" × 14".

Cortes para cada mini quilt

Tela para el bloque de aplicación

Fondo: cortar 1 cuadrado de 8" × 8".

Tela para el borde interior

A: cortar 2 tiras de 1" × 6½".
B: cortar 2 tiras de 1" × 7½".

Tela para el borde exterior

C: cortar 2 tiras de 2" × 7½".
D: cortar 2 tiras de 2" × 10½".

Tela para ribetear

Ribete: cortar 1 cuadrado de 16" × 16" para hacer un bies continuo de 2½" de ancho.
(Ver las instrucciones en páginas 90-91).

Cortar la tela para las aplicaciones según se necesite.

Montado de los bloques

Ver la página 5 para más información sobre ampliación de patrones. Ver en las páginas 83-86 las instrucciones sobre colocación de las piezas y preparación de las aplicaciones.

Bloques de aplicación

Becky Goldsmith utilizó los bloques 74, 75, 76 y 100, pero se pueden utilizar los que más gusten.

1. Ampliar el bloque un 120% para obtener un patrón de 6" × 6".

2. Aplicar el bloque. Una vez terminadas las aplicaciones, planchar el bloque por el revés. Recortar el bloque para obtener un cuadrado de 6½" × 6½".

Consejos sobre aplicaciones

Utilizar la técnica de aplicaciones recortadas para los tejados y marcos de las puertas; de aplicaciones por el revés para las ventanas, y de aplicado aparte cuando corresponda (ver instrucciones en páginas 88-90).

Montado del quilt

Ver el diagrama de montado del quilt.

1. Coser una tira de borde interior A a cada lado del bloque. Planchar los márgenes de costura hacia ese borde.

2. Coser 1 tira B arriba y 1 abajo. Planchar hacia el borde interior.

3. Coser una tira de borde exterior C a cada lado del quilt. Planchar los márgenes de costura hacia ese borde.

4. Coser 1 tira D arriba y 1 tira abajo. Planchar hacia el borde exterior.

5. Terminar el quilt (ver instrucciones en páginas 87 y 92).

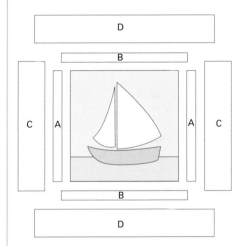

Diagrama de montado del quilt.

Quilt bordado en rojo «Redwork»

Fotografía de Chris Marona.

Diseñado por Linda Evans y Becky Goldsmith, realizado por Jane Green, 2001.

Tamaño del bloque bordado terminado: 5" × 5".

Tamaño del quilt terminado: 19" × 25".

Quilt bordado en rojo «Redwork»

Los bloques de aplicación de este libro también se pueden bordar. Se utilizan madejas de hilo de bordar rojo y punto de tallo para obtener un quilt en rojo. Claro que se puede utilizar otro color para bordar; a lo mejor se prefiere en tonos morados...

Materiales

Tela de algodón fina de color crudo: ¾ yarda.

Tiras de enmarcado en estampado rojo: ⅜ yarda.

Tela roja con puntitos para las esquinas: ⅛ yarda.

Manga tubular de tela (para colgar el quilt): ¾ yarda.

Ribete: ⅝ yarda.

Guata: 23" × 29".

Hilo de bordar rojo: 4 madejas.

Cortes

Tela de algodón fina de color crudo
Fondo de los bloques bordados: Cortar 12 cuadrados de 7" × 7".

Tela estampada roja
Tiras de enmarcado: cortar 31 tiras de 1½" × 5½".

Tela roja de puntitos
Esquinas de enmarcado: Cortar 20 cuadrados de 1½" × 1½".

Tela para ribetear
Cortar 1 cuadrado de 19" × 19" para hacer un bies continuo de 2½" de ancho. (Ver instrucciones en páginas 90-91.)

Montado de los bloques

Ver en las páginas 93-94 las instrucciones sobre los puntos de bordado.

Bloques bordados

1. Elegir 12 bloques del libro y hacer una copia de cada uno. Sujetar con cinta adhesiva 1 copia del bloque sobre la superficie de trabajo para fijarla.

2. Planchar cada fondo de bloque doblado por la mitad en horizontal y luego en vertical. Centrar el fondo del bloque sobre el patrón. Pegar con cinta la tela sobre el papel. Calcar el dibujo suavemente sobre la tela en la que se va a bordar. Repetir para cada bloque.

3. Bordar los bloques. Jane los bordó a pespunte. Una vez terminados los bordados, planchar los bloques por el revés. Recortar cada bloque dejando un cuadrado de 5½" × 5½".

Montado el quilt

Ver el diagrama de montado del quilt.
1. Colocar los bloques terminados sobre un tablero y desplazarlos hasta dar con la colocación que más guste.

2. Coser 3 bloques juntos poniendo entre ellos las tiras de enmarcado. Planchar los márgenes de costura hacia las tiras. Hacer 4 filas.

3. Coser 3 tiras de enmarcado unidas por los extremos, con 4 esquinas de enmarcado. Planchar las costuras hacia las tiras. Hacer 5 filas.

4. Coser las 4 filas de bloques con las 5 filas de enmarcado. Planchar las costuras hacia las tiras.

5. Terminar el quilt (ver instrucciones en páginas 87 y 92).

Diagrama de montado del quilt.

Quilt de 25 bloques

Realizado por Becky Goldsmith, 2001.

Tamaño del bloque de aplicación terminado: 5" × 5".

Tamaño del quilt terminado: 31" × 31".

Fotografías de Sharon Risedorph y Chris Marona.

Quilt de 25 bloques

Este precioso quilt se compone de 25 bloques distintos. ¡Es difícil conformarse con 25! Tal y como puede verse, Becky tuvo que hacer 2 quilts.

Materiales

Fondos de aplicaciones: 1⅛ yardas de una sola tela o bien distintos retales.

Aplicaciones: distintos restos de telas y retales.

Tela verde de puntitos para enmarcar: ½ yarda.

Manga tubular de tela (para colgar el quilt): 1⅛ yarda.

Guata: 35" × 35".

Hilo de bordar: según se necesite para los distintos bloques.

Cortes

Tela para fondo de los bloques

Fondos de bloques de aplicación: cortar 25 cuadrados de 7" × 7".

Tela verde de puntitos

Enmarcado: cortar 60 tiras de 1½" × 5½".

Tela verde con lunares blancos

Esquinas de enmarcado: cortar 36 cuadrados de 1½" × 5½".

Ribeteado: Cortar un cuadrado de 24" × 24" para hacer un bies continuo de 2½" de ancho (ver instrucciones en páginas 90-91).

Montado de los bloques

Ver en las páginas 83-86 las instrucciones sobre disposición de los dibujos y preparación de las aplicaciones. Ver en las páginas 93-94 las instrucciones sobre puntos de bordado.

Bloques de aplicación

1. Elegir 25 bloques de este libro.

2. Adornar con bordados los bloques, si se desea.

3. Aplicar los bloques. Una vez terminados las aplicaciones y los bordados, planchar los bloques por el revés. Recortarlos para que queden cuadrados de 5½" × 5½".

Consejos sobre aplicaciones

Ver en las páginas 88-90 las instrucciones sobre técnicas de aplicación especiales, conforme se necesite.

Montado del quilt

Ver el diagrama de montado del quilt.

1. Colocar los bloques terminados en un tablero o en el suelo. Cambiar su disposición hasta dar con la colocación que más guste.

2. Coser 5 bloques con sus tiras de enmarcados. Planchar las costuras hacia las tiras. Hacer 5 filas.

3. Coser las tiras de enmarcado poniendo entre medias 6 cuadros de enmarcado. Planchar hacia las tiras. Hacer 6 filas.

4. Coser las 5 filas de bloques con las 6 tiras de enmarcado. Planchar hacia las tiras.

5. Terminar el quilt (ver instrucciones en páginas 87 y 92).

Diagrama de montado del quilt.

Jardín de mariposas

Realizado por Becky Goldsmith, 2000.

Bloque de aplicación terminado: 5" × 5".

Tamaño del quilt terminado: 35" × 35".

Fotografías de Chris Marona.

Jardín de mariposas

¡Las mariposas son sorprendentes!, de colores llamativos con preciosos dibujos delicados. Parecen flotar en la brisa que mece el jardín. Nos obligan a detenernos un momento para disfrutar de la belleza que nos rodea.

Materiales

Fondos y bordes interiores de tela de algodón fina de color crudo: 1⅞ yardas.

Aplicaciones: gran variedad de retales.

Tela verde con puntitos para borde interior: ⅜ de yarda.

Tela verde con lunares blancos para biés: ¾ de yarda.

Manga tubular de tela (para colgar el quilt): 1½ yardas.

Guata: 39" × 39".

Hilo de bordar: de varios colores para las antenas.

Cortes

Tela de algodón fina de color crudo
Fondos de bloques de aplicación: cortar 20 cuadrados de 7" × 7".
Fondos de borde de aplicación: cortar 4 rectángulos de 7" × 27".
Borde interior ajedrezado: cortar 4 tiras de 1¾" × 40".

Tela verde con puntitos
Borde interior ajedrezado: cortar 4 tiras de 1¾" × 40".

Tela verde con lunares blancos
Ribeteado: cortar un cuadrado de 24" × 24" para hacer un bies continuo de 2½" de ancho (ver instrucciones en páginas 90-91).

Cortar las telas de las aplicaciones según se necesite.

Montado de bloques y bordes

Ver en las páginas 83-86 las instrucciones sobre colocación general y preparación de las aplicaciones. Ver en las páginas 93-94 las instrucciones sobre puntos de bordado.

Bloque de aplicación

1. En el quilt se utiliza 16 veces el bloque de mariposa 79.

2. Hacer una copia del bloque y pegarla con cinta adhesiva sobre la superficie de trabajo.

3. Planchar la tela de los bloques doblándolos por la mitad en vertical y en horizontal. Centrar un fondo sobre el patrón y pegarlo con cinta adhesiva sobre él.

Calcar suavemente en la tela las antenas que se van a bordar. Repetir con todos los bloques.

4. Aplicar los bloques. Bordar a pespunte las antenas de todas las mariposas. Cuando estén terminados las aplicaciones y los bordados, planchar los bloques por el revés. Recortarlos para que queden cuadrados de 5½" × 5½".

Consejos sobre aplicaciones

Utilizar para los tallos de los tulipanes y los cuerpos de las mariposas la técnica de aplicaciones recortadas. Emplear la técnica de aplicación de círculos para los centros de las margaritas (ver instrucciones en las páginas 88-89).

Borde de aplicación

1. Hacer un patrón de papel para el borde cortando una tira de 5" × 25". El tulipán del bloque 36 se repite 5 veces. Dibujar 1 tulipán en el centro del borde. Dibujar 2 tulipanes a cada lado del primero. Espaciar los centros 5" según se indica más abajo. El esquema de colocación se calca del papel.

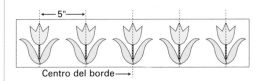

Dibujar el patrón del borde.

2. Coser las aplicaciones de los 4 bordes y luego planchar por el revés. Recortar los bordes para que queden de 5½" × 25½".

Esquinas del borde de aplicación

1. El bloque 33 se repite 4 veces para las esquinas del borde.

2. Coser las aplicaciones de los 4 bloques y plancharlos por el revés. Recortar los bloques para que queden de 5½" × 5½".

Borde interior ajedrezado

1. Coser de dos en dos la tela de algodón fina de color crudo con las tiras verdes de 1¾" de ancho. Planchar hacia lo verde. Cortar 72 unidades de 1¾" de ancho.

Coser las tiras de dos en dos.
Cortar 72 unidades de 1¾" de ancho.

2. Coser 2 unidades juntas para formar un cuadrado. Planchar hacia la izquierda. Hacer 36 cuadrados.

Coser las unidades formando cuadrados.

3. Coser 8 cuadrados para el ajedrezado de arriba y de abajo. Observar la ilustración que se muestra abajo para coser los cuadrados correctamente. Planchar hacia la izquierda. Hacer 2.

Coser 8 cuadrados juntos para el ajedrezado de arriba y de abajo.

4. Coser 10 cuadrados para los bordes laterales. Observar la ilustración de más abajo para coser los cuadrados correctamente. Planchar hacia la izquierda. Hacer 2.

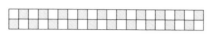

Coser 10 cuadrados juntos para el ajedrezado de los laterales.

Montado del quilt

Ver el diagrama de montado del quilt.

1. Colocar los bloques de mariposa terminados en un tablero o en el suelo y modificar su disposición hasta dar con la colocación que más guste.

2. Hacer una fila de 4 bloques. Las mariposas deben quedar en un mismo ángulo. Planchar las costuras alternando las direcciones para que casen al unir luego las filas. Hacer 4 filas.

3. Coser las filas de mariposas y planchar las costuras hacia abajo.

4. Coser las tiras ajedrezadas de arriba y de abajo al quilt. Cambiar la direcciones de las costuras del ajedrezado para que casen al coserlas y volverlas a planchar. Planchar la costura larga hacia el centro del quilt.

5. Coser una tira ajedrezada a cada lado del quilt. Alterar la dirección de las costuras del ajedrezado conforme haga falta y planchar de nuevo. Planchar la costura larga hacia el centro del quilt.

6. Coser los bordes laterales del quilt. Planchar la costura hacia el borde.

7. Coser un bloque de margarita en el extremo de los bordes de arriba y de abajo. Colocar la margarita según se indica en el diagrama. Planchar hacia la esquina.

8. Coser al quilt los bordes de arriba y de abajo y planchar hacia el borde.

9. Terminar el quilt (ver instrucciones en páginas 87 y 92).

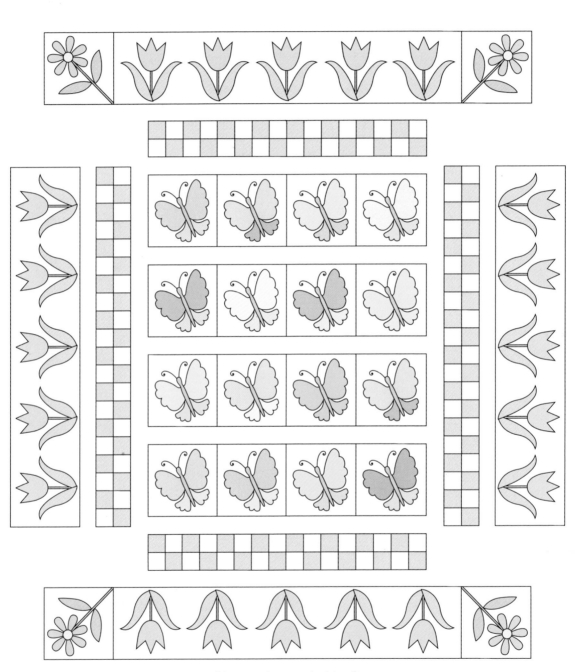

Diagrama de montado del quilt.

Gallinas y pollitos

Fotografía de Sharon Risedorph.

Diseñado por Becky Goldsmith, realizado por Jane Green, 2000.

Tamaño de los bloques de aplicación y de patchwork terminados: 5" × 5".

Tamaño del quilt terminado: 30" × 30".

Gallinas y pollitos

Materiales

Estampados en blanco y negro: 1¼ yardas.

Estampados azules: amplia variedad de retales.

Aplicaciones: amplia variedad de retales.

Manga tubular de tela (para colgar el quilt):

1⅛ yardas.

Ribeteado: ¾ de yarda.

Guata: 34" × 34".

Hilo de bordar marrón, de grosor medio:

una madeja para las patas.

Cortes

Telas estampadas en blanco y negro

Tela de fondos para los bloques de aplicación: cortar 20 cuadrados de 7" × 7".

Bloques de diábolos: cortar 8 cuadrados de 6¼" × 6¼", y cortarlos dos veces en diagonal para obtener 32 triángulos.

Telas estampadas azules

Bloques de diábolo: cortar 8 cuadrados de 6¼" × 6¼", y cortarlos dos veces en diagonal para obtener 32 triángulos de un cuarto de cuadrado.

Tela para ribetear

Cortar un cuadrado de 24" × 24"" para hacer un bies continuo de 2½" de ancho (ver instrucciones en páginas 90-91).

Cortar la tela para las aplicaciones según se necesite.

Montado de los bloques

Ver en las páginas 83-86 las instrucciones sobre colocación de las piezas y preparación de las aplicaciones. Ver en las páginas 93-94 las instrucciones sobre puntos de bordado.

Bloques de aplicación

1. El bloque 83 de gallina se utiliza 16 veces en este quilt. El bloque 82 de huevos se utiliza 4 veces.

2. Hacer una copia de cada bloque y pegarla con cinta adhesiva sobre la superficie de trabajo para sujetarla.

3. Planchar los bloques de fondo doblándolos por la mitad,

en horizontal y en vertical. Centrar un fondo de bloque sobre el patrón y pegarlo con cinta adhesiva. Calcar suavemente en el bloque las patas que se van a bordar. Repetir con todos los bloques de aplicación.

4. Coser las aplicaciones de los bloques. Bordar las patas de gallinas y pollitos con pespuntes. Cuando estén terminados los bloques, plancharlos por el revés. Recortarlos para dejar cuadrados de 5½" × 5½".

Consejos sobre aplicaciones

Emplear la técnica de aplicaciones recortadas para picos, crestas y plumas de la cola (ver instrucciones en página 88).

Bloques de diábolo

1. Coser por parejas los triángulos en blanco y negro con los estampados azules. Los bordes que se cosen están al bies y hay que tener cuidado para no estirarlos. Planchar las costuras hacia el triángulo azul.

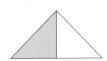

Coser los triángulos de dos en dos.

68

2. Coser dos parejas de triángulos, casando las costuras del centro y teniendo cuidado para no estirar los bordes al bies. Planchar los márgenes de costura hacia un lado. Hacer 16 bloques de diábolo.

Coser dos parejas de triángulos para hacer 16 bloques de diábolo.

Montado del quilt

Ver el diagrama de montado del quilt.

1. Coser 4 bloques de diábolo girando de costado los bloques segundo y cuarto. Planchar las costuras hacia la izquierda. Hacer 2 filas.

2. Coser 4 bloques de diábolo, girando de costado los bloques primero y tercero. Planchar las costuras hacia la derecha. Hacer 2 filas.

3. Coser las 4 filas unidas y planchar las costuras hacia abajo.

4. Coser 4 bloques de gallinas para hacer los 2 bordes laterales. Planchar las costuras alternándolas con las del centro del quilt. Coser los bordes laterales al quilt y planchar las costuras hacia el borde.

5. Coser 4 bloques de gallinas para los bordes de arriba y de abajo. Planchar las costuras de modo que alternen con las del centro del quilt. Coser un bloque de pollitos-huevo en cada extremo de los bordes de arriba y abajo. Planchar las costuras hacia el centro. Coser los bordes de arriba y abajo al quilt. Planchar las costuras hacia el borde.

6. Terminar el quilt (ver instrucciones en páginas 87 y 92).

Diagrama de montado del quilt.

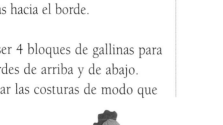

La hora del té

Realizado por Linda Jenkins y Jane Green, 2000.

Fotografía de Sharon Risedorph.

Tamaño del bloque de aplicación terminado: 5" × 5".

Tamaño del quilt terminado: 25" × 25".

La hora del té

Materiales

Tela amarilla para fondos de aplicación: 1 yarda.

Telas lisas para aplicaciones y esquinas de enmarcado: amplia variedad de retales en colores vivos.

Estampado amarillo para enmarcado y esquinas exteriores: ⅜ de yarda.

Manga tubular de tela (para colgar el quilt): 1 yarda.

Ribeteado: ⅝ de yarda.

Guata: 29" × 29".

Hilo de bordar: distintos colores para teteras y letras.

Cortes

Tela amarilla

Fondos de bloques de aplicación: cortar 9 cuadrados de 7" × 7".

Fondos de bordes de aplicación: cortar 4 rectángulos de 5" × 21".

Telas lisas en colores vivos

Esquinas de enmarcado: cortar 16 cuadros de 1½" × 1½".

Esquinas del borde exterior: cortar 4 cuadrados de 3½" × 3½".

Tela para ribetear

Ribete: cortar 1 cuadrado de 19" × 19" para hacer un bies continuo de 2½" de ancho (ver instrucciones en páginas 90-91).

Cortar la tela para las aplicaciones según se necesite.

Montado de bloques y bordes

Ver en las páginas 83-86 las instrucciones sobre esquema de colocación y preparación de las aplicaciones. Ver en las páginas 93-94 las instrucciones sobre puntos de bordado.

Bloques de aplicación

1. El bloque 59 de tetera se utiliza 9 veces en el quilt.

2. Para adornar cada tetera con bordados, dibujar suavemente los dibujos que se vayan a emplear. Utilizar como guía la fotografía de la página anterior y bordar con los puntos que más gusten. Coser las aplicaciones de los bloques. Cuando estén terminados las aplicaciones y los bordados, planchar los bloques por el revés y recortarlos dejándolos a 5½" × 5½".

Consejos sobre aplicaciones

Emplear la técnica de aplicaciones recortadas para las asas de las teteras (ver instrucciones en página 88).

Borde de aplicación

1. Hacer un patrón de papel para cada uno de los 4 bordes. En el bloque 61 hay 3 tazas distintas: A, B y C. Los patrones de los textos que están dentro de los recuadros figuran en la página 72. Cortar 4 piezas de papel de 3" × 19". Siguiendo los dibujos de más abajo, calcar las tazas correspondientes y las letras en los papeles, haciendo el esquema de colocación para cada borde.

Esquema del borde superior.

Esquema del borde inferior.

Esquema del borde izquierdo.

Esquema del borde derecho.

2. Pegar con cinta adhesiva el patrón del borde superior sobre la superficie de trabajo. Centrar la tela de fondo del borde sobre el patrón y sujetarla con cinta adhesiva. Calcar con suavidad las palabras que se vayan a bordar. Repetir con los demás bordes.

3. Coser las aplicaciones de los bordes. Bordar las letras a pespunte. Una vez terminados las aplicaciones y los bordados, planchar los bordes por el revés. Recortarlos dejándolos a 3½" × 19½".

Montado del quilt

Ver el diagrama de montado del quilt.

1. Colocar los bloques de teteras terminados sobre un tablero o en el suelo y modificar su situación hasta dar con la colocación que más guste.

2. Coser 3 bloques de tetera con 4 tiras de enmarcado. Planchar las costuras hacia las tiras. Hacer 3 filas.

3. Coser 3 tiras de enmarcado alternando los 4 cuadritos. Planchar hacia las tiras. Hacer 4 filas.

4. Coser las 3 filas de bloques con las 4 tiras de enmarcado. Planchar hacia las tiras.

5. Coser al quilt los bordes laterales. Planchar hacia las tiras. Coser cada cuadro de esquina a cada extremo de los bordes superior e inferior y coser estas tiras al quilt. Planchar hacia las tiras.

6. Terminar el quilt (ver instrucciones en páginas 87 y 92).

Hora del té

Tiempo para el té

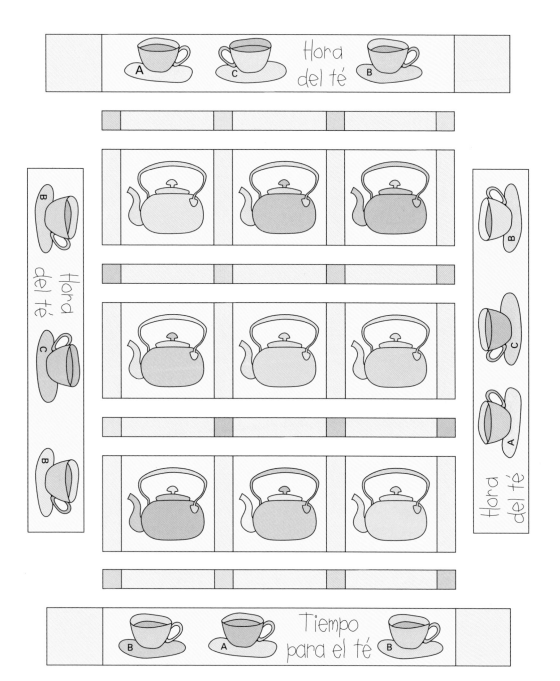

Diagrama de montado del quilt.

Retales sorpresa

Realizado por Linda Jenkins, acolchado por Linda V. Taylor, 2003.

Fotografía de Sharon Risedorph.

Tamaño del medallón central de aplicación: 18" × 18".

Tamaño de los bloques pequeños de aplicación: 8" × 8".

Tamaño del quilt terminado: 84" × 84".

Retales sorpresa

La simple costura de patchwork es un perfecto telón de fondo para las flores de aplicación, y realza sus bonitos dibujos estampados. Utilizar muchos retales distintos para realizar este alegre quilt todo de retazos.

Materiales

Tela de fondo de la aplicación central: ⅔ de yarda.

Tela de cuadritos para el mantel: ¼ de yarda.

Tela para el fondo de aplicaciones blanco roto: 1¾ yardas.

Aplicaciones: amplia variedad de restos de tela.

Telas para las piezas claras: amplia variedad de retales hasta un total de al menos 3⅞ yardas.

Telas de patchwork oscuras: 4¼ yardas.

Tela estampada azul para enmarcado: ¾ de yarda.

Tela estampada rojo para esquinas de enmarcado: un retal de al menos 4" × 8".

Manga tubular de tela (para colgar el quilt): 7½ yardas.

Ribeteado: 1⅛ yarda.

Guata: 88" × 88".

Cortes

Tela para la aplicación del centro

Fondo del bloque: cortar 1 rectángulo de 20" × 16¼".

Tela de cuadritos

Mantel: Cortar 1 rectángulo de 20" × 4¼".

Tela en blanco roto

Fondos de bloques de aplicación: cortar 24 cuadrados de 10" × 10".

Telas claras

Bloques de cuatro piezas (Four-patch): cortar 32 cuadrados de 3" × 3".
Bloques de cuadrado en un cuadrado: cortar 384 cuadrados de 3½" × 3½".

Tela estampada azul

Enmarcado: cortar 16 tiras de 1½" por el ancho de la tela.
Cortar las tiras y coserlas donde corresponda:
  A. 2 tiras de 18½"
  B. 2 tiras de 20½"
  C. 4 tiras de 40½"
  E. 8 tiras de 8½"
  F. 4 tiras de 58½"

Telas oscuras

Barras: cortar 32 tiras de 3" × 10½".
Bloques de cuatro piezas (Four-patch): cortar 32 cuadrados de 3" × 3".
Bloques de cuadrado en un cuadrado: cortar 96 cuadrados de 6½".

Tela estampada roja

Cuadritos de esquina D y G: cortar 8 cuadrados de 1½" × 1½".

Tela para ribetear

Ribete: cortar un cuadrado de 36" × 36" para hacer un bies continuo de 2½" de ancho (ver instrucciones en páginas 90-91).

Cortar la tela de las aplicaciones según se necesite.

Montado de bloques y bordes

Ver en la página 5 cómo agrandar un patrón. Ver en las páginas 83-86 las instrucciones sobre colocación general y preparación de las aplicaciones.

Medallón central

1. Coser la tela del mantel de cuadros sobre la tela de fondo. Planchar hacia el mantel. Planchar ahora el cuadrado doblado por la mitad en horizontal y vertical para marcar el centro.

2. Hacer una copia del bloque 44. Agrandar el patrón un 200%, a 10" y cortar el bloque en cuatro. Agrandar cada cuarto un 180%. Pegar los cuartos uniéndolos para obtener un patrón de 18" × 18".

3. Coser la aplicación del medallón central. Cuando esté terminado, plancharlo por el revés y recortarlo para dejarlo a 18½" × 18½".

Bloques de aplicación

1. Ampliar los bloques 29, 30, 31, 32, 37, 38, 39 y 40, un 160% para obtener de cada uno un patrón de 8" × 8".

2. Aplicar entre 2 y 4 bloques de cada patrón para obtener en total 24 bloques. Cuando estén terminados, plancharlos por el revés y recortarlos a 8½" × 8½".

Consejos sobre aplicaciones

Emplear la técnica de aplicaciones recortadas para los tallos y las piezas pequeñas y la técnica de aplicación de círculos para el centro de las flores. (Ver instrucciones en páginas 88-89.)

Barras

1. Situar 8 barras de 3" × 10½" a cada lado del medallón central, según se indica en el diagrama de montado del quilt

2. Colocar las 8 barras a cada lado hasta dar con el emplazamiento que más guste. Coserlas para hacer los laterales del medallón central.

Bloques de cuatro cuadros

1. Utilizar los cuadrados de 3" × 3". Coser un cuadrado claro a uno oscuro. Planchar los márgenes de costura hacia la tela oscura. Repetir hasta obtener 32 pares.

Coser los cuadrados de dos en dos.

2. Coser 2 pares juntos para obtener 16 unidades de cuatro cuadrados. Planchar los márgenes de costura hacia un lado.

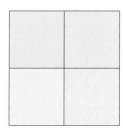

Hacer 16 unidades de bloques de cuatro cuadrados.

3. Coser 4 unidades de cuatro cuadrados para obtener 4 bloques de dieciséis cuadrados.

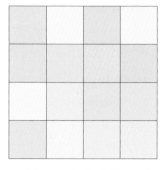

Hacer 4 bloques de dieciséis cuadrados.

Bloques de cuadrado en un cuadrado

1. Utilizar cuadrados oscuros de 6½" y cuadrados claros de 3½". Coser 1 cuadrado claro a 2 esquinas opuestas del cuadrado oscuro, por la diagonal.

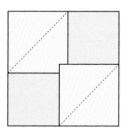

Coser en diagonal los cuadrados colocados en esquinas opuestas.

2. Recortar el sobrante de tela dejando un margen de ¼".

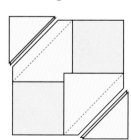

Recortar la tela sobrante.

3. Planchar los márgenes de costura hacia la tela clara.

Planchar las costuras.

4. Coser un cuadrado claro en las otras 2 esquinas del cuadro oscuro, con costura diagonal.

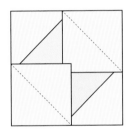

Coser en diagonal unos cuadrados en las otras 2 esquinas.

5. Recortar el sobrante de tela dejando un margen de ¼".

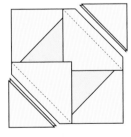

Recortar la tela sobrante.

6. Planchar los márgenes de costura hacia la tela clara. Repetir en todos los cuadrados.

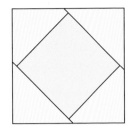

Planchar las costuras. Hacer 96 bloques.

Montado del quilt

Ver el diagrama de montado del quilt.

1. Coser las tiras A arriba y abajo del medallón central. Planchar hacia las tiras. Coser las tiras B a los laterales del medallón y planchar hacia las tiras.

2. Coser un bloque de barras a cada lado del quilt. Planchar hacia las tiras de enmarcado. Coser un bloque de 16 cuadrados en cada extremo de los 2 bloques de barras restantes. Coser arriba y abajo del quilt las unidades combinadas de bloques de barras y bloques de cuadros. Planchar hacia el enmarcado.

3. Coser las tiras de enmarcado C a los laterales del quilt. Planchar hacia las tiras. Coser los cuadraditos D a cada lado de las tiras C restantes y coser luego los conjuntos C/D arriba y abajo del quilt.

4. Coser los bloques de aplicación para los laterales. Coser una tira de enmarcado E en los extremos de las secciones de aplicación laterales. Planchar hacia las tiras. Coser al quilt las secciones laterales y planchar hacia las tiras.

5. Coser 5 bloques de aplicación para la parte superior y la inferior. Añadir las tiras de enmarcado E y 2 bloques exteriores. Planchar hacia las tiras. Coser los conjuntos arriba y abajo del quilt y planchar hacia las tiras.

6. Coser unas tiras F a los laterales del quilt y planchar hacia las tiras. Coser los cuadraditos G a los extremos de las otras tiras F. Coser los conjuntos F/G arriba y abajo del quilt.

7. Unir en dos tiras los bloques de cuadrado en un cuadrado y planchar las costuras de cada tira en direcciones opuestas para que al coser casen las tiras unidas. Se necesitan 4 tiras de 10 bloques y 4 de 14 bloques. Coser las tiras unidas para formar 2 secciones de 20 bloques y 2 de 28 bloques.

8. Coser las secciones de 20 a los laterales del quilt. Planchar hacia las tiras de enmarcado. Coser las secciones de 28 bloques arriba y abajo del quilt y plancharlas hacia el enmarcado.

9. Terminar el quilt (ver instrucciones en páginas 87 y 92).

Diagrama de montado del quilt.

¡Espléndida primavera!

Fotografía de Sharon Risedorph.

Realizado por Becky Goldsmith, 2003.

Tamaño del bloque de aplicación terminado: 8" × 8".

Tamaño del quilt terminado: 50" × 50".

¡Espléndida primavera!

La primavera es una época del año maravillosa. Los tonos apagados del invierno dan paso al esplendor de colores frescos, vivos y claros de la primavera. ¡Es todo un espectáculo!

Materiales

Fondo de aplicaciones en blanco roto: 2⅜ yardas.

Aplicaciones: Amplia variedad de retales.

Tiras de enmarcado y tiras de realce amarillas: 1¼ yardas.

Borde interior y ribete de rayas: ¾ de yarda.

Manga tubular de tela (para colgar el quilt): 3¼ yardas.

Guata: 54" × 54".

Cortes

Tela en blanco roto

Fondo de bloques de aplicación: cortar 16 cuadrados de 10" × 10".

Fondo de bordes de aplicación: cortar 4 rectángulos de 7" × 42".

Fondos de esquinas de borde de aplicación: cortar 4 cuadrados de 7" × 7".

Tela amarilla

Enmarcado:

    A. Cortar 12 tiras de 1½" × 8½".

    B. Cortar 5 tiras de 1½" × 35½".

    C. Cortar 2 tiras de 1½" × 37½".

Tiras estrechas de realce al bies: Cortar un cuadrado de 24" × 24" para hacer un bies continuo de 1" de ancho (ver instrucciones en páginas 90-91). Planchar el bies por la mitad a lo largo, revés con revés. Medir desde el doblez y cortar la tira a un ancho de ⅜". Cortar ese bies en:

    F. 4 tiras (dobladas) de ⅜" × 40½"

    G. 4 tiras (dobladas) de ⅜" × 50½"

Telas de rayas

Borde interior:

    D. Cortar 2 tiras de 2" × 37½".

    E. Cortar 2 tiras de 2" × 40½".

Tela para ribetear

Ribete: cortar 6 tiras de 2½" de ancho por el ancho de la tela. Coser las tiras uniéndolas por sus extremos. Planchar la tira doblada a lo largo, revés con revés.

Cortar la tela de las aplicaciones según se necesite.

Montado de bloques y bordes

Ver en la página 5 cómo se agranda un patrón. Ver en las páginas 83-86 las instrucciones sobre colocación general y preparación de las aplicaciones.

Bloques de aplicación

1. Ampliar los bloques 2, 3, 4, 5, 7, 8, 9, 10, 11, 19, 23, 24, 43, 45, 47 y 48, un 160% para obtener un patrón de 8" × 8" de cada bloque.

2. Aplicar los bloques. Cuando estén terminados, plancharlos por el revés y recortarlos para dejarlos a 8½" × 8½".

Consejos sobre aplicaciones

Emplear la técnica de *aplicaciones recortadas* para los tallos y piezas pequeñas y la de *aplicación de círculos* para el centro de las flores. Hacer un *tallo de bies continuo* para los tallos del borde (ver instrucciones en páginas 88-92).

Borde de aplicación

1. Para formar el borde de aplicación se repiten los bloques 27 y 28, sin agrandarlos. Se hacen 4 copias de estos 2 bloques y se pegan con cinta adhesiva, uniéndolas según se indica para hacer una guirnalda. Se suprime la hoja partida en cada extremo del borde. Comprobar con ese patrón de papel que la colocación general es la correcta.

Hacer el patrón del borde uniendo 4 copias de los bloques 27 y 28.

2. Coser las aplicaciones de los bordes. Cuando estén terminadas, planchar los bordes por el revés y recortarlos a 5½" × 40½".

3. El bloque 26, para la esquina del borde, no se agranda. Se cosen las aplicaciones de los 4 bloques de esquina. Cuando estén terminadas, se planchan los bloques por el revés y se recortan a 5½" × 5½".

Montado del quilt

Ver el diagrama de montado del quilt.

1. Colocar los bloques terminados en una mesa o en el suelo y modificar su posición hasta dar con la colocación que más guste.

2. Coser 4 bloques uniéndolos con 3 tiras de enmarcado A entre medias. Planchar hacia las tiras. Hacer 4 filas.

3. Coser las 4 filas de bloques con 5 filas de tiras de enmarcado B. Planchar hacia las tiras. Coser una tira de enmarcado C a cada lado del quilt y planchar hacia la tira.

4. Coser una tira de borde interior D arriba y abajo del quilt. Planchar hacia el borde. Coser una tira de borde interior E a cada lado del quilt y planchar hacia el borde.

5. Hilvanar una tira estrecha F por dentro de los 4 bordes.

6. Coser al quilt los bordes de arriba y de abajo. Planchar hacia el borde interior. Coser un bloque de esquina del borde a cada extremo de los 2 bordes restantes. Planchar hacia el bloque de esquina. Coser esos bordes a los laterales del quilt y planchar hacia el borde interior.

7. Terminar el quilt. (Ver instrucciones en página 87.)

8. Una vez recortadas las orillas del quilt, hilvanar el bies estrecho G a ras de las orillas. Casar los cantos del bies estrecho con el canto del top del quilt. Coser el ribete del quilt por encima de estas tiras estrechas al bies (ver instrucciones de ribeteado en página 92).

Diagrama de montado del quilt.

Instrucciones generales sobre aplicaciones

Las plantillas plastificadas para aplicaciones facilitan enormemente la labor, y los esquemas de colocación de vinilo transparente permiten situar las piezas en un instante. Si se trabaja por primera vez siguiendo las técnicas de Piece O'Cake Designs, se deben leer bien todas estas indicaciones antes de empezar la labor.

Preparación de los fondos para aplicaciones

La tela para fondo se corta siempre mayor del tamaño que vaya a tener al coserla al quilt. Los bordes exteriores del bloque pueden darse de sí y deshilarse mientras se cose. Las aplicaciones pueden desplazarse al coserlas y hacer que el bloque encoja ligeramente. Por eso conviene añadir 1" a todos los lados de un fondo cuando se corte. Cuando se haya terminado de coser la aplicación se recorta el bloque al tamaño deseado.

1. Planchar cada pieza de fondo doblada por la mitad en vertical y en horizontal. Marcar las líneas que pasan por el centro que coincidirán con las del esquema de colocación. Cuando los fondos son piezas cosidas, las costuras sirven de líneas de centro y no hay necesidad de planchar los dobleces para centrar las piezas.

Planchar para marcar una cuadrícula central.

Cómo se hacen las plantillas de aplicaciones

Cada figura de aplicación requiere una plantilla y nosotras utilizamos una manera propia de hacer plantillas, fácil y exacta.

1. Utilizar una fotocopiadora para hacer 2 a 5 copias de cada bloque. Si hay que ampliar los patrones, se hace siguiendo lo indicado antes de hacer las ampliaciones. Comparar las copias con el original para comprobar que están bien.

2. Recortar de esas copias grupos de diferentes formas. Dejar un poco de margen alrededor de cada grupo. En caso de que una forma se solape sobre otra, recortar la forma de encima de una copia y la de debajo de otra copia.

Recortar las figuras de aplicación.

3. Coger una hoja de laminado autoadhesivo y colocarla con el lado brillante sobre la mesa. Retirar el papel del reverso dejando el lado adhesivo hacia arriba.

4. Si se van a coser a mano las aplicaciones, se colocan las plantillas con el lado dibujado contra la hoja. Si la aplicación se funde con papel termoadhesivo de doble cara, se coloca con el lado en blanco hacia abajo. Colocar las formas de papel con cuidado. Utilizar cuantas láminas sea necesario.

Colocar las figuras de aplicación con el lado dibujado hacia abajo si se cose a mano.

Colocar las figuras de aplicación con el lado en blanco hacia abajo para aplicar por calor.

5. Recortar cada figura individual. Tratar de seguir la línea sin meterse o salirse de ella. Procurar que los contornos queden suaves y las puntas afiladas.

Recortar cada plantilla.

Nos gustan estas plantillas porque se recortan con facilidad. También es cierto que una copia mecánica del patrón es más exacta que si se calca a mano sobre plástico para plantillas. Este material es fuerte y resiste un uso repetido.

Utilización de las plantillas para coser aplicaciones a mano

Para coser las aplicaciones remetiendo el borde con la aguja a mano, se utilizan las plantillas con el lado derecho hacia arriba sobre el derecho de la tela.

1. Colocar la tela de la aplicación con el derecho hacia arriba sobre un tablero de lija.

2. Poner la plantilla con el derecho hacia arriba (el lado brillante) sobre la tela de forma que la mayor parte de sus bordes queden al bies de la tela. Un borde al bies es más fácil de remeter que un borde que vaya al hilo.

3. Dibujar el contorno de la plantilla. La lija sujeta la tela en su sitio mientras se dibuja.

Colocar las plantillas con la mayor parte de sus bordes al bies y dibujar su contorno.

4. Si se va a añadir un bordado al bloque, es preferible bordar ahora la pieza a aplicar.

5. Recortar cada pieza, dejando alrededor un margen de ³⁄₁₆" (unos 4 mm) para remeter.

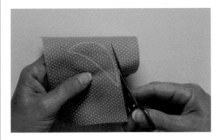

Recortar cada pieza dejando un borde de ³⁄₁₆".

6. Preparar las piezas a aplicar en un bloque y seguir las indicaciones de la página siguiente para realizar y colocar el esquema de colocación.

Utilización de las plantillas para aplicaciones con papel termoadhesivo de doble cara

En el caso de aplicar las piezas por calor, las plantillas se utilizan con el dibujo hacia abajo sobre el revés de la tela. Utilizar un paño de planchar que no se pegue para proteger la plancha y la tabla de planchar.

1. Seguir las indicaciones del papel termoadhesivo de doble cara y pegarlo con la plancha sobre el revés de la tela a aplicar. No retirar el papel del reverso.

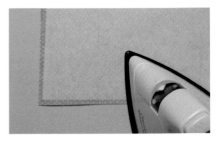

Pegar el papel termoadhesivo de doble cara por el revés de la tela.

2. Dejar la tela con el derecho hacia abajo. Colocar la plantilla con el lado dibujado hacia abajo (la cara brillante hacia arriba) y dibujar el contorno sobre el lado del papel termoadhesivo de doble cara.

Dibujar la plantilla sobre el papel.

3. Recortar las piezas a aplicar siguiendo el dibujo.

Recortar por la línea las piezas.

4. Preparar las piezas a aplicar en un bloque y seguir las indicaciones de la página siguiente para hacer y utilizar el esquema de colocación.

Cómo se hace el esquema de colocación

El esquema de colocación se hace en una lámina de plástico blando, transparente y de un grosor intermedio, que se utiliza para situar correctamente cada pieza de aplicación en el bloque. El esquema es fácil de hacer y permite trasladar la labor.

1. Cortar un trozo de plástico blando, con su forro de papel, del tamaño del bloque terminado. Retirar el papel hasta que se vaya a guardar o doblar el esquema.

2. Hacer una copia de los patrones del libro con los que se vaya a trabajar. Agrandarlas según se indica. Pegar con cinta adhesiva las piezas según se precise.

3. Pegar la copia de un patrón sobre la mesa, con cinta adhesiva.

4. Pegar con cinta adhesiva el plástico sobre el patrón. Con una regla y un rotulador de punta fina, dibujar en el vinilo las líneas centrales vertical y horizontal.

Pegar con cinta adhesiva el plástico sobre el patrón y dibujar las líneas centrales.

5. Dibujar todas las líneas del patrón sobre el plástico, sin olvidar los números del esquema que indican la secuencia de cosido.

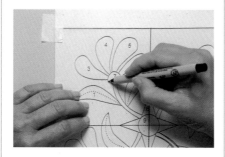

Dibujar el patrón sobre el plástico.

Utilización del esquema de colocación para aplicaciones cosidas a mano

1. Colocar el fondo con el derecho hacia arriba sobre la mesa.

2. Poner el esquema con el derecho hacia arriba encima del fondo.

3. Alinear la cuadrícula central de la tela o las líneas de costura con la cuadrícula central del esquema.

4. Si es necesario, prender con alfileres para que no se mueva.

Colocar el esquema sobre el fondo y alinear las cuadrículas centrales.

5. Antes de colocar las piezas de aplicación sobre el bloque es muy importante planchar con los dedos los márgenes de remetido. Comprobar que la línea de dibujo queda escondida. Es sorprendente lo mucho que esta operación facilita luego el remetido del borde con la aguja.

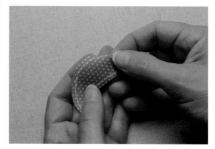

Planchar con los dedos cada pieza escondiendo la línea dibujada.

6. Situar la primera pieza bajo el esquema y encima del fondo. Se ve bien debajo del esquema si las piezas de aplicación están bien colocadas. Se van planchando con los dedos y colocando las piezas de una en una, siguiendo el orden de aplicación.

Utilizar el esquema para colocar la pieza de aplicación n.º 1.

7. Doblar hacia atrás el esquema y prender las piezas a aplicar con alfileres de cabeza de ½". Por lo general nosotras colocamos y cosemos 1 ó 2 piezas cada vez. Retirar el esquema de vinilo antes de coser.

Prender en su sitio la pieza a aplicar.

8. Coser la pieza a mano con un hilo del mismo color y puntadas escondidas. No colocar y coser más de 1 ó 2 piezas cada vez.

9. Cuando se vaya a retirar el esquema, poner el papel protector sobre el lado dibujado antes de doblarlo. El papel impide que se marquen las líneas de un lado sobre otro.

Información

No recortamos la tela por debajo de la aplicación porque creemos que si se deja intacta el quilt queda más fuerte. Y, además, en caso de que haya que reparar el quilt, es más fácil hacerlo si no se ha recortado la tela de fondo.

Utilización del esquema de colocación para aplicaciones con papel termoadhesivo de doble cara

1. Colocar el fondo con el derecho hacia arriba sobre la tabla de planchar.

2. Poner encima del fondo el esquema con el derecho hacia arriba.

3. Alinear la cuadrícula central de la tela o las líneas de costura con los centros del esquema.

Colocar el esquema sobre el fondo alineando las cuadrículas.

4. Retirar el papel del revés de cada pieza de aplicación antes de colocarla sobre el bloque.

5. Situar las piezas de aplicación con el derecho hacia arriba, debajo del esquema pero encima del fondo. Empezar por la pieza de aplicación n.º 1 y seguir con las otras por orden. Se ve bien si las piezas de aplicación están en su sitio debajo del esquema.

Utilizar el esquema para situar las piezas.

6. Retirar con cuidado el esquema y planchar las piezas en su sitio. Seguir atentamente las indicaciones de la marca del papel termoadhesivo. No tocar con la plancha el vinilo del esquema porque se fundiría.

Pegar con la plancha las piezas en su sitio.

7. Una vez pegadas las piezas de algodón, se cosen las orillas a máquina con puntadas rectas o a punto de festón separado y con hilo a tono. Las costuras a máquina protegen las orillas de las piezas cuando se utiliza el quilt.

Planchar y recortar los bloques

1. Planchar los bloques por el revés cuando estén terminadas las aplicaciones. Si la superficie de planchado es dura, poner una toalla bajo los bloques para no aplastar las aplicaciones.

2. Recortar con cuidado los bloques dejándolos al tamaño adecuado. Medir desde el centro y comprobar siempre con una regla que el dibujo queda alineado antes de cortar la tela sobrante.

Terminar el quilt

1. Montar el top del quilt siguiendo las indicaciones de cada proyecto.

2. Montar el forro del quilt, uniendo piezas si es necesario.

3. Colocar el forro con el derecho hacia abajo sobre una superficie firme. Pegarlo con cinta adhesiva para que no se mueva mientras se hilvana.

4. Poner la guata sobre el forro y darle golpecitos para alisarlo.

5. Centrar el top del quilt, con el derecho hacia arriba, sobre la guata.

6. Hilvanar todas las capas uniéndolas.

7. Acolchar a mano o a máquina.

8. Recortar los filos exteriores. Dejar de ¼" a ⅜" de forro y de guata sobresaliendo del top. Ese extra de tela y guata rellenan muy bien el ribete.

Recortar los bordes exteriores.

9. Rematar los bordes exteriores con un ribete continuo al bies (ver las páginas 90 y 92). Coser ahora cualquier adorno duro (botones, cuentas, etc.).

Manga tubular de tela para colgar el quilt

1. Hacer una manga tubular y coserla al dorso del quilt.

2. Hacer la etiqueta y coserla al dorso del quilt. Incluir en ella la información que se desee dar a conocer sobre el quilt. El nombre y dirección, la fecha, el contenido de fibra del quilt y de la guata, si se hizo para una persona o para una ocasión especial (todo eso se puede indicar en la etiqueta).

Técnicas especiales

Aplicaciones recortadas

La técnica de recortado facilita el cosido de piezas irregulares, largas, finas, en punta o diminutas. Está especialmente indicada para tallos y estrellas.

1. Colocar la plantilla encima de la tela elegida procurando que la mayor parte de los bordes queden al bies. Dibujar el contorno de la plantilla.

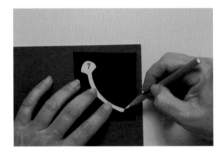

Situar la plantilla de modo que la mayor parte del contorno quede al bies y dibujar alrededor de la plantilla.

2. Cortar la pieza a aplicar, dejando 1" de margen alrededor de la línea de contorno. Si se trabaja una estrella o unos tallos cruzados, hay que dejar la tela intacta entre las puntas de la estrella, en la «V» de las ramas, etc.

3. Planchar con los dedos, cuidando de que la línea dibujada quede escondida.

4. Utilizar el esquema de vinilo para colocar en el bloque la pieza preparada.

5. Prender con alfileres a ¼" del borde que se vaya a coser primero. Pinchar los alfileres paralelos a los bordes. Si la pieza está en curva, siempre que se pueda hay que coser primero el lado cóncavo.

Prender con alfileres la pieza en su sitio.

6. Empezar a recortar el sobrante de tela a partir de donde se vaya a iniciar la costura, dejando ³⁄₁₆" de margen para remeter. No empezar nunca en una punta entrante o saliente.

Recortar el sobrante y empezar a coser.

7. Ir recortando más tela conforme se vaya cosiendo. Hacer unos pequeños cortes en el interior de las curvas y de las puntas cuando se necesite.

8. Quitar los alfileres al coser el otro lado de la pieza. Recortar la tela sobrante conforme haga falta.

9. Proseguir hasta tener cosidos todos los lados de la aplicación.

Aplicaciones por el revés

Las aplicaciones por el revés se utilizan cuando se quiere cortar una pieza de tela para que no se vea la tela de debajo.

1. Colocar la plantilla con su abertura encima de la tela elegida. Comprobar que se coloca de manera que la mayor parte de los bordes queden al bies de la tela. Dibujar el contorno de la plantilla.

2. En la mayoría de los casos se recorta la aplicación dejando 1" o más de margen alrededor. No cortar todavía la abertura, plancharla con los dedos cuidando de que la línea dibujada quede escondida por debajo. En nuestro ejemplo, bloque 87, la aplicación por el revés se cose primero y luego se cosen los bordes del dibujo siguiendo la técnica de aplicaciones recortadas.

3. Colocar la pieza a aplicar sobre la tela que luego se va a ver. Comprobar que la tela de abajo es lo bastante grande para manejarla bien. Prender la aplicación con alfileres a ¼" del borde que se vaya a coser primero.

4. Cortar por dentro de la línea dibujada en torno a la abertura, dejando un margen de ³⁄₁₆" para remeter.

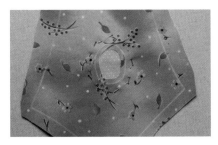

Prender con alfileres la aplicación y recortar por dentro de la línea dibujada. Dejar un margen de ³⁄₁₆" para remeter.

5. Dar cortes en las curvas o puntas entrantes que haya y empezar a coser. No coser nunca partiendo de una punta o una esquina.

Empezar a coser.

6. Terminar de coser la abertura.

Aplicación de círculos

Cuando se cosen curvas hacia fuera y círculos, las puntadas sólo se controlan una por una. Utilizar una aguja o un palillo redondo para alisar las arrugas que se formen. Cuanto más se practique, mejores resultados se obtendrán.

1. Dibujar los círculos en la tela elegida. Recortar cada círculo con un margen de ³⁄₁₆" para remeter.

2. Planchar con los dedos el margen de remetido, comprobando que la línea queda escondida por debajo.

3. Con el esquema de colocación, situar la pieza de aplicación y prenderla. Para que no se mueva un círculo hay que sujetarlo con 2 alfileres por lo menos.

4. Empezar a coser. Ir remetiendo lo suficiente para dar 1 ó 2 puntadas. Si se remete más, quedarán unas zonas aplastadas y otras en pico en vez de redondeadas.

Remeter sólo lo suficiente para dar 1 ó 2 puntadas.

5. Tirar con la punta de la aguja por debajo de la aplicación para repartir el vuelo y redondear los picos.

Vista por el revés. Con la aguja se deshacen pliegues y se suavizan los picos.

6. Para cerrar el círculo se remeten las últimas puntadas a la vez. El círculo tiende a aplastarse.

7. Con la punta de la aguja se deshacen los pliegues del remetido y se tira de la parte aplastada para dejarla redondeada.

Terminar de coser el círculo.

Aplicado aparte de las piezas

A veces resulta más fácil coser las piezas de aplicación «aparte» y luego coserlas al bloque ya montadas. Esta técnica se utiliza cuando las piezas van apiladas, como en las flores del bloque 3.

1. Elegir las telas con las que se vaya a realizar la aplicación: Dibujar el contorno de las plantillas en las telas correspondientes y recortar las piezas dejando un buen margen para manejarlas fácilmente.

Dibujar y recortar las piezas.

2. En el aplicado aparte se trabaja desde la pieza de arriba hacia abajo. Recortar la pieza de arriba dejando un margen de ³⁄₁₆" alrededor. Planchar con los dedos y colocar la pieza sobre la segunda tela. Prender la pieza en su sitio y coserla.

Trabajar desde arriba hacia abajo.

3. Recortar la tela sobrante de la unidad recién creada dejando un margen de ³⁄₁₆" alrededor. Planchar con los dedos y colocar la pieza sobre la tela siguiente. Prender la unidad combinada y coserla.

Recortar el sobrante, colocar sobre la tela siguiente y coser la pieza.

4. Recortar el sobrante de tela de la unidad de flor dejando un margen de ³⁄₁₆". Se plancha con los dedos y se coloca sobre el bloque.

Planchar con los dedos la pieza y colocarla en el bloque.

Cómo se hace un bies continuo

Este método de hacer un bies continuo nos parece especialmente fácil. Con un trozo de tela sorprendentemente pequeño se consigue un bies largo, y sin desperdiciar nada. Se emplea para hacer ramas y tallos al bies además de ribetes. En la página 92 indicamos cómo dominar el ribeteado de esquinas.

1. Empezar con un cuadrado de tela y cortarlo por la mitad en diagonal.

2. Coser los dos triángulos unidos según se indica. Comprobar que los bordes cosidos quedan al hilo. Si se utiliza una tela de rayas, se casan las mismas. Quizá haya que desplazar un poco la tela para que coincidan las rayas.

Coser los bordes al hilo de los triángulos.

3. Para hacer bieses para tallos, se planchan los márgenes de costura hacia un lado; si no, se planchan las costuras abiertas. Cortar el ancho deseado a cada lado, con un corte de unas 4" según se indica.

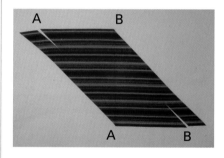

Cortar el ancho deseado.

4. Casar los puntos A y B, derecho con derecho. Prender y coser. Planchar la costura abierta.

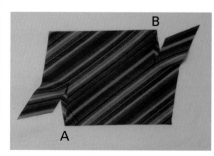

Prender y coser. Planchar.

5. Con un cúter giratorio y una regla, cortar la tira de bies continuo del ancho deseado. Cortar solamente 1 capa de tela, trabajando en torno a la manga tubular.

Cortar la tira del ancho deseado.

Consejo para cortar el bies continuo

Probar a poner un pequeño tablero de corte en el extremo de la tabla de planchar. Pasar el tubular de tela sobre el tablero. Con la regla y el cúter giratorio se corta una tira de bies continuo y se va girando el tubular de tela conforme se trabaja.

Cortar sin apretar demasiado ya que si la tabla de planchar es mullida, el tablero se puede curvar al presionar mucho sobre él.

Tallos al bies

1. Hacer una tira de bies continuo de ½" de ancho (ver instrucciones en la página anterior). Planchar la tira doblada por la mitad a lo largo, revés con revés.

Planchar la tira doblada a lo largo.

2. Colocar el doblez de la tira al bies a lo largo de la línea que corresponda en la guía de costura de la máquina de coser (para tallos de ¼" utilizar la línea de ¼"). Antes de coser un trecho largo, pasar la barra de bies por el extremo abierto para comprobar que cabe. Coser el largo de la barra de bies.

Coser utilizando la guía de costura de la máquina de coser.

3. Recortar el sobrante de tela dejando un margen muy pequeño.

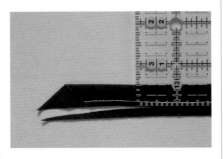

Recortar dejando un margen muy estrecho en la costura.

4. Pasar la barra de bies del tamaño adecuado por dentro del bies cosido. Girar la costura hacia la parte trasera de la barra y plancharla. Desplazar la barra por el tubular, planchando la costura.

Planchar utilizando la barra de bies.

5. Sacar el tallo al bies terminado. Comprobar que se curva en una dirección. El lado más próximo a la costura forma el interior de la curva. Siempre que sea posible, ese lado corresponderá al borde cóncavo del tallo en la labor.

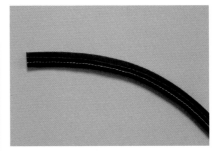

Observar la dirección de la curva.

6. Esta técnica se puede emplear para toda clase de anchos de tallos al bies.

Tallos al bies con papel termoadhesivo de doble cara

Ésta es la mejor manera de hacer tallos al bies si se opta por coser a máquina una aplicación que lleve papel termoadhesivo de doble cara.

1. Cortar unas tiras al bies de 6" de ancho de la tela para ramas o tallos.

2. Sobre el revés de la tela, pegar con la plancha unas tiras de papel termoadhesivo de doble cara de 6" de ancho.

3. Cortar unas tiras de ¼" a ⅜" para las ramas o tallos.

4. Retirar el papel protector y colocar los tallos sobre el bloque. Solapar los extremos de las ramas o tallos conforme se requiera. Si es posible, meter el extremo del tallo al bies debajo de una flor o de una hoja.

Ribeteado del quilt

1. Cortar el primer extremo del ribete en un ángulo de 45°. Doblar todo ese pico ¼" y planchar el doblez.

2. Planchar la tira doblada por la mitad a lo largo, revés con revés.

3. Alinear los cantos con el canto cortado del quilt por el derecho de éste y prenderlo empezando a unas pulgadas de una esquina. Empezar a coser a unas 6" (15 cm) del empiece del ribete, dejando un margen de costura de ¼".

4. Detener la costura a ¼" de la esquina y dar unas puntadas hacia atrás.

Parar a ¼" de la esquina. Dar unas puntadas hacia atrás.

5. Doblar el ribete hacia arriba según se indica, formando un ángulo de 45°.

Doblar el ribete hacia arriba.

6. Doblar de nuevo el ribete, ahora hacia abajo, y empezar a coser el lado contiguo del quilt.

Doblar el ribete hacia abajo y empezar a coser.

7. Coser el ribete a todos los lados del quilt, siguiendo en las esquinas la operación anterior. Parar a unos centímetros (o pulgadas) antes de llegar al comienzo del ribeteado, pero no recortar aún el sobrante de ribete.

8. Solapar los extremos del ribete y cortar el segundo extremo en un ángulo de 45°. Comprobar antes que el ribete queda lo bastante largo para que el extremo cortado quede totalmente montado por el extremo doblado.

9. Pasar el extremo cortado a 45° por dentro del extremo doblado.

Pasar el extremo a 45° por dentro del extremo doblado.

10. Prender al quilt los extremos montados y terminar de coser el ribete al quilt.

11. Doblar el ribete hacia el reverso del quilt, envolviendo el canto cortado. Si la guata sobresale demasiado, recortarla un poco de manera que el ribete quede bien relleno. Coser a mano el borde del ribete al reverso del quilt.

Puntos de bordado

Los bloques se bordan con hilo de algodón o mouliné, cintas de seda o lo que resulte más adecuado para el quilt. A nosotras nos encanta buscar hilos o materiales poco habituales. Los hilos teñidos a mano son especialmente atractivos, pero hay que comprobar siempre que los colores de los hilos son resistentes, lo mismo que se hace para las telas.

Instrucciones generales de bordado

Casi siempre es preferible bordar las piezas de aplicación antes de coserlas. Se calca el dibujo sobre la tela de la aplicación sin marcar mucho las líneas. Se borda la pieza a aplicar y después se recorta, dejando un margen de $\frac{3}{16}$" para remeter.

Se suele utilizar una hebra doble para bordar, pero si se desea una línea más fina se usa una sola hebra. Se pueden crear colores combinando dos hebras de distinto color. Para que destaque el bordado se puede usar hilo de perlé teñido a mano.

Punto de margarita

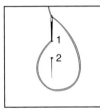 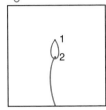 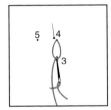 

1. Pinchar la aguja en 1 y sacarla en 2. Pasar la hebra por debajo de la punta de la aguja.

2. Tirar de la hebra, dejando una presilla.

3. Pinchar la aguja en 3, fuera de la presilla y sacarla en 4 para iniciar el pétalo siguiente.

4. Hacer 5 pétalos de margarita. Dejar en el centro un espacio para 1 o más puntos de nudo.

Puntadas rectas

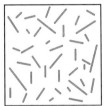

1. Rellenar la zona con puntadas rectas. Las puntadas se hacen al azar, variando su longitud y su inclinación.

Zigzag

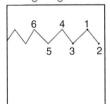   

1. Dibujar la línea de picos.

2. Sacar la hebra en 1.

3. Pinchar la aguja en 2 y sacarla en 3.

4. Pinchar la aguja en 1 y sacarla en 4. Proseguir la labor de esta manera.

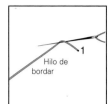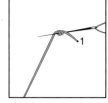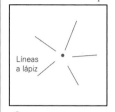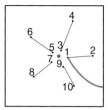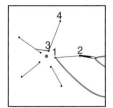

Punto de nudo

1. Sacar la hebra en 1.

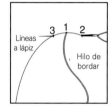

2. Enrollar la hebra alrededor de la aguja. Cuantas más veces se enrolle, más grueso quedará el nudo.

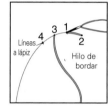

3. Volver a pinchar la aguja en 1, dejando libre el enrollado y tirar de éste hacia arriba mientras se pasa la aguja, dejando el nudo en la hebra. Rematar o pinchar en otro punto para hacer otro nudo.

Flores a puntadas rectas

1. Dibujar las flores en la tela.

2. Sacar la hebra en 1.

3. Pinchar la aguja en 2 y sacarla en 3. Proseguir así hasta terminar todos los pétalos de la flor. Hacer un punto de nudo en el centro de la flor.

Pespunte

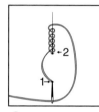

1. Dibujar la línea en la tela. Sacar la hebra en 1.

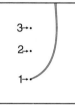

2. Pinchar la aguja en 2 y sacarla en 3. Hacer puntadas cortas e iguales.

3. Pinchar la aguja en 1 y sacarla en 4. Trabajar así siguiendo la línea dibujada.

Punto de nudo sobre cadeneta

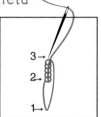

1. Sacar la hebra por del derecho en 1.

2. Pinchar la aguja en 1 y sacarla en 2. Enrollar la hebra firmemente 4 veces alrededor de la punta de la aguja. Sujetar el enrollado con el pulgar y sacar la aguja y la hebra hasta el final.

3. Pinchar la aguja hacia atrás en 3 y anudar la hebra.

Punto de festón separado

Este punto suele hacerse en el borde de una aplicación.

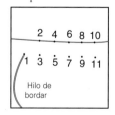

1. Sacar la hebra en 1.

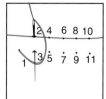

2. Pinchar la aguja en 2 y sacarla en 3. Pasar la hebra por debajo de la punta de la aguja.

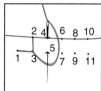

3. Tirar de la hebra para que quede una puntada en «L». Proseguir así por el borde de la aplicación.

Punto de trama

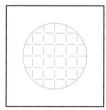

1. Dibujar en la tela la cuadrícula del punto de trama, con trazos suaves.

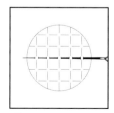

2. Utilizar 1 hebra de hilo y hacer las puntadas horizontales con una bastilla.

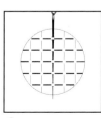

3. Hacer las puntadas verticales con bastilla.

Las autoras

A la asociación de quilters Green Country Quilter's Guild de Tulsa, Oklahoma, se le debe el haber reunido a Linda Jenkins y Becky Goldsmith. Forjaron su amistad trabajando juntas en numerosos proyectos de la asociación y desarrollando un mismo amor por las aplicaciones. Esta colaboración dio origen a Piece O'Cake Designs en 1994 y sobrevivió al traslado de Linda a Pagosa Springs, Colorado, y al de Becky a Sherman, Texas.

Linda era propietaria y directora de un salón de belleza antes de empezar a realizar quilts. Con los años adquirió una aguda visión para el color gracias a su conocimiento de los tintes y los maquillajes.

La licenciatura de Linda como diseñadora de interiores y sus muchas clases de arte fueron una buena base para la labor de quilts. Linda y Becky han expuesto numerosos quilts y han recibido muchos premios. Juntas componen un dinámico duo de quilters y les

encanta enseñar a otras quilters los placeres de la labor de aplicación.

En otoño de 2002 Becky y Linda pasaron a formar parte de la familia de C&T Publishing, donde siguen realizando magníficos patrones y libros.

Índice alfabético

Nota: Es posible que las telas utilizadas en los quilts presentados no se encuentren en el mercado ya que los fabricantes suelen variar los modelos de estampados.

OTROS TÍTULOS PUBLICADOS

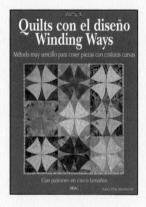

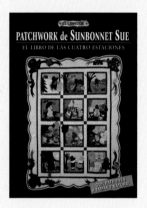

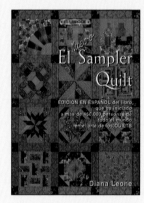

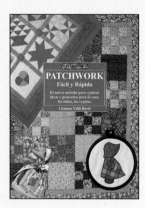

Más información sobre éstos y otros títulos en nuestra página web:

www.editorialeldrac.com